刘凌霄◎著

现代农业经济发展研究

中国水利水电出版社
www.waterpub.com.cn
·北京·

内 容 提 要

本书以农业经济问题的组织、生产要素、市场为研究脉络，全面系统地阐述了现代农业的微观经济组织、市场化、国际化、投资项目评估及经济核算、风险及保险等，并对我国现阶段农业现代化发展水平进行了综合评价和系统分析。

本书特色主要有：一是注重本土化与国际化相结合，既结合当前我国的国情，同时注重国际方面的经验借鉴；二是理论性与实践性相结合。

本书内容新颖，结构合理，重点突出，层次清楚，适合广大从事农业经济管理的工作人员及对此感兴趣的人士参阅。

图书在版编目（Ｃ Ｉ Ｐ）数据

现代农业经济发展研究 / 刘凌霄著. -- 北京 ： 中国水利水电出版社，2017.6 （2025.4重印）
ISBN 978-7-5170-5609-6

Ⅰ．①现… Ⅱ．①刘… Ⅲ．①农业经济发展－研究－中国 Ⅳ．①F323

中国版本图书馆CIP数据核字(2017)第167439号

书　　名	现代农业经济发展研究 XIANDAI NONGYE JINGJI FAZHAN YANJIU	
作　　者	刘凌霄　著	
出版发行	中国水利水电出版社	
	（北京市海淀区玉渊潭南路 1 号 D 座 100038）	
	网址：www. waterpub. com. cn	
	E-mail：sales@ waterpub. com. cn	
	电话：(010)68367658(营销中心)	
经　　售	北京科水图书销售中心(零售)	
	电话：(010)88383994、63202643、68545874	
	全国各地新华书店和相关出版物销售网点	
排　　版	北京亚吉飞数码科技有限公司	
印　　刷	三河市同力彩印有限公司	
规　　格	170mm×240mm　16 开本　16.25 印张　211 千字	
版　　次	2018 年 1 月第 1 版　2025 年 4 月第 3 次印刷	
印　　数	0001—2000 册	
定　　价	56.00 元	

前　言

俗语有云："民以食为天"，这是一条具有普遍意义的规律。农业是我国国民经济的基础，是我国的第一产业，对国民经济的发展起着重要的作用。十八大报告强调，解决好农业农村农民问题是全党工作重中之重。十八大报告提出，到 2020 年，实现城乡居民人均收入比 2010 年翻一番，农业现代化和社会主义新农村建设成效显著；加快发展现代农业，增强农业综合生产能力，确保国家粮食安全和重要农产品有效供给；着力促进农民增收，保持农民收入持续较快增长。这是我们党根据全面建成小康社会奋斗目标，对农业农村经济发展提出的目标任务。

本书以农业经济问题的组织、生产要素、市场为研究脉络，对现代农业经济进行研究与探讨。本书共八章。第一章为导论，对农业的概念及重要作用、农业经济学的起源与发展、我国的农业经济制度及其演变做了研究。第二章为现代农业的微观经济组织，主要对现代农业的产权结构、现代农业的家庭经营、现代农业的合作经济和农业产业化经营做了研究。第三章对现代农业的生产要素进行分析，内容包括农业自然资源、劳动力资源、资金、科技进步及信息化发展等。第四章和第五章分别为现代农业的市场化和国际化。第六章对现代农业的投资项目评估及经济核算进行了研究。第七章对现代农业风险及保险做了研究分析。第八章对农业保护与可持续发展问题做了探讨研究。

本书在写作过程中参阅了大量的文献和著作，在此对相关作者表示衷心的感谢。此外,由于写作水平和时间有限,书中难免有不足之处,欢迎各位专家读者批评指正。

作　者

2017 年 4 月

目　录

第一章 导 论

农业是人类的衣食之源,生存之本。农业是人类社会历史上最早出现的物质生产部门,是社会生产和其他活动的起点,是国民经济其他部门得以存在和进一步发展的基础。因此,党和国家历来对农业高度重视,把农业当作国民经济的基础产业。

第一节 农业的概念及重要作用

一、农业的概念

(一)农业的内涵

农业是人类充分利用土地、水分、光照、热量等自然资源和环境条件,依靠生物的生长发育功能并辅以人类劳动以获取物质产品的产业。农业生产的对象是生物体,人类则从中获取动植物产品。不过,受所处历史阶段不同和国家之间国民经济产业划分差异的影响,农业包括的内容、涉及的范围并非完全一致。在早些时候乃至今天那些社会分工相对滞后的国家,植物栽培业和动物饲养业构成了整个农业。其中,植物栽培业是指人类充分利用光、热、水、空气以及土壤中所富含的各种矿物质养分,借助绿色植物的加工合成功能获取植物性产品的生产部门。包括种植业、林果业以及园艺花卉业。动物饲养业是指人类将植物产品作为基本饲料,利用动物的生长发育功能与消化合成功能获取各种动物性产品或役用牲畜的生产部门,由畜牧业和渔业(即水产养殖业)两部分构成。随着社会经济的发展以及人类认知水平的逐步提高,一些发生于农村的非农生产活动都被定位成农业的副业,也包含在农业概念之中。

因此,也就出现了狭义农业与广义农业之分。其中,狭义农业主要指种植业,包括粮食作物、经济作物以及果林等的种植;广义农业除了涉及种植业(也称农业),还包括林业、畜牧业、副业和渔业。近年来,随着社会经济的进一步发展以及农业现代化步伐的加快,农业与工商业之间的联系也日趋紧密。为了便于农业经营管理,一些国家把为农业提供生产资料的上游部门以及从事农产品加工、储藏、运输、销售等活动的下游部门也划归农业部门,由此使得农业的概念更加宽泛。

(二)农业的本质特征

基于农业内涵不难发现,农业生产不属于简单行为,而是一个由三类因素共同作用的过程:一是生物有机体,即植物、动物以及微生物必须存在;二是自然环境,如土地、水分、光照、热量等均需满足特定的条件;三是人类劳动,即整个农业生产活动过程均需人类参与其中。这三类因素相互关联、共同作用,使农业生产具有了自然再生产与经济再生产相交织的根本特性。

1.农业生产是一种自然再生产过程

农业是利用生物有机体的生长发育过程所进行的生产,是生命物质的再延续,因而也是有机体的自然再生产过程。例如,种植业和林业的生产过程也是绿色植物的生长、繁殖过程。在该过程中,绿色植物通过吸收土壤中的水分、矿物质和空气中的二氧化碳,利用光合作用制造出富含碳水化合物、蛋白质和脂肪等多种营养元素的植物产品。又如,畜牧业和渔业的生产过程也是家畜和鱼类的生长、繁殖过程。在这一过程中,动物以植物或其他动物产品为食,通过新陈代谢功能将其转化为自身所需的营养物质以维持其正常的生命活动,植物性产品由此转化成动物性产品。与此同时,当动植物的残体和动物排泄物进入土壤或者渗入水体之后,经过微生物还原,会再次成为植物生长发育的重要养料来源,由此重新步入生物再生产的循环过程之中。总体而言,自然再生产一般通过生物自身的代谢活动而实现,可看作农业再生产的自然基础。

2.农业生产是一种经济再生产

所谓经济再生产,是指农业生产者在特定的环境下结成一定的生产关系,借助相应的生产工具对动植物进行具体的生产活动,以获取所需要的农产品。它是农业生产者遵循自然规律以生物体自身的代谢活动为基础,为了满足人类的需要而通过劳动对自然再生产进行作用与指导的过程。在这个过程中,所获取的农产品除了可供生产者自身消费之外,也可作为生产资料进入下一个农业生产环节,还可通过物质交换获取生产者所需的其他消费品和生产资料。

3.农业是自然再生产与经济再生产相交织的过程

单纯的自然再生产是生物有机体与自然环境之间的物质、能量交换过程,如果缺少人类劳动参与,它就是自然界的生态循环而非农业生产。而经济再生产过程则是农业生产者对自然再生产过程进行有意识的干预,通过劳动改变动植物的生长发育过程和条件,从中获取自身所需动植物产品的过程。因此,此类干预不仅要符合动植物生长发育的自然规律,还必须与社会经济再生产的客观规律保持一致。

(三)农业的具体特征

由于农业生产中的自然再生产与经济再生产相互交织且密不可分,由此派生出了农业区别于工业和其他物质生产部门的若

干具体特点,分别是:

1.土地是农业生产最为基本且无法替代的生产资料

农业生产离不开土地资源,农业活动则是人类利用土地对动植物发生作用。农业用地通常又称为农用地,是指直接或间接为农业生产所利用的土地,一般包括耕地、园地、林地、牧草地、养捕水面、农田水利设施用地、其他农业基础设施建设占用地等。农用土地所具有的特殊自然属性和经济属性,如数量的有限性、位置的固定性、质量的差异性、肥力的可变性、效用的持续性、使用的选择性、收益的级差性等,要求农业生产者在今后的农业用地利用过程中应更为注重集约经营、合理布局等。

2.农产品是人类最为基本的物质生活资料

随着社会经济的不断发展以及人民收入水平的逐步提升,人们的消费水平也在不断提高,其衣、食、住、行等各个方面均发生了巨大变化,越来越多的加工制成品进入人们的日常消费领域。尽管如此,人们生活所需的粮、棉、油、肉、蛋、奶、果、茶、菜等基本农产品仍需农业来提供。它们是人们生活中不可或缺的物质生活资料,在未来的发展中除了需要追求数量的增加之外,还需注重产品结构的优化与产品质量的改进,否则便会制约人类的生存和发展。

3.农业生产的主要对象是有生命的动植物,具有周期性和季节性特点

动物和植物是农业生产的主要对象,与工业品相比,具有生命是其最为显著的特点。人们的生产劳动需通过动植物自身的生长发育过程而起作用,而劳动成果则需通过动植物生命的终结来获取。与此同时,农业生产在其时间分配上还具有特殊性,大多数活动都需按季节顺序进行,并存在一定的变化周期,换言之,即农业生产具有周期性和季节性特点。究其原因,主要在于动植

物的生长发育通常存在一定规律,并且受自然因素影响,而自然因素又随季节而变化且呈现出周期性特征。为此,生产者应认识和遵循动植物的生命活动规律,按其生命活动周期开展农业生产活动,比如因地制宜、不违农时、按季播种。

4.农业生产具有分散性和地域性

由于农业生产活动主要在土地上进行,而农用土地的位置较为固定且分布相对零散,从而使得农业生产在空间上呈现出分散性特点。与此同时,农业生产还具有明显的地域差异,不同地区的产业结构、所生产的品种和数量都会不同。主要原因在于,不同生物生长发育所要求的热量、光照、水分、土壤等自然条件通常存在差异,且世界各地自然条件、社会经济条件和国家政策也存在地域差别。目前,全球已形成了多种农业地域类型,如商品谷物农业、乳畜业、热带雨林迁徙农业等。农业生产的地域性特征要求农业生产者在实践中要因地制宜。

5.农业生产时间与劳动时间存在非一致性

农业生产时间是指农业自然生产全过程所需要的时间,其长短通常由两方面因素决定,一是生物自身生命活动规律与周期的约束,二是自然资源环境条件的制约。农业劳动时间是指人类根据动植物生长发育的实际需要所投入的劳动时间,而农业自然再生产的特殊性,使得农业劳动投入通常具有间断性和季节性的特点,由此导致农业生产时间与劳动时间产生了非一致性,即动植物在生长发育过程中有时无须人类劳动其生命活动过程也照常进行。由于二者的不一致,还衍生出了其他一些显著特点,如农业生产资料使用的季节性、农产品获取的间断性以及农业资金收支的阶段性、非平衡性。

6.农业生产通常面临自然和市场的双重风险

绝大多数农业生产活动都是在自然环境中进行,但自然环境通常面临诸多不可控因素,比如水旱灾害、病虫害、动物疫情、森林火灾、有害生物入侵等,由此导致农业生产活动经常面临极大的自然风险。同时,农业生产周期一般较长,在缺少外力的条件下其按季播种、按季收获的规律难以改变,这也使得农产品供给的弹性较小,通常很难依据市场的变化及时调整生产结构或者改变生产规模;农产品特殊的生物学特性,对加工、贮藏、运输以及销售等环节均有着较高的要求。这些不确定性使得农业生产经营不仅具有自然风险,还面临着较大的市场风险。

二、农业的地位和作用

作为最为古老的物质生产部门,农业一直都是国民经济的基础,在国民经济中占有重要的地位,其基础性地位是历史发展的客观必然,不以人类意志为转移;同时,农业在推进国民经济发展上也具有独特作用。

(一)农业是国民经济的基础

农业的基础性地位主要表现在以下三个方面。

1.农业是为人类提供生存必需品的物质生产部门

食物是维持人类生存最为基本的生活资料,而它是由农业生产的动植物产品(准确地说,还包含微生物)来提供。迄今为止,利用工业方法合成食物的前景依旧遥远,可能永远也不会成为食物供给最为主要的途径。为此,我们可以大胆揣测,不论是过去、现在还是将来,农业都是人类的衣食之源和生存之本。

2.农业是国民经济其他物质生产部门赖以独立和进一步发展的基础

通常情况下,只有当农业生产者所提供的剩余产品较多时,其他经济部门才能独立,并安心从事工业、商业等其他经济活动。

在古代,农业是整个社会的决定性生产部门,为了生存,几乎所有劳动者都从事农业生产,基本不存在社会分工;后来,随着农业生产力的不断发展,农业生产效率得到了极大提升,农业剩余产品快速增加,社会将日益增加的劳动力从农业生产中逐步分离出来,由此形成了人类社会的第一次、第二次和第三次大分工,该过程不仅实现了农业产业内部种养殖业的分离,还有力地促进了工业、商业和其他产业的有效分离,进而相继成为独立的国民经济部门。

3.农业的基础性地位论断是普遍适用于各国且能长期发挥作用的规律

农业产值和劳动力占国民经济的比重逐年下降是世界各国在经济发展进程中所遇到的一个普遍规律。但是,无论是在农业所占比重较大的国家还是比重较小甚至农业相对缺失的国家,农业的基础性地位论断这一规律都将发挥作用。假如一个国家的农业生产无法满足本国经济发展需要,就必须依赖于其他国家,即以外国的农业为基础,这从长期来看,显然不利于该国的安全与稳定。

(二)农业是国民经济发展的重要推动力

农业对国民经济发展具有重要的推动作用,根据西蒙·库兹涅茨的经典分析,其贡献可以通过四种形式体现,分别是产品贡献、要素贡献、市场贡献和外汇贡献。

1.产品贡献

食品是人们生活最基本的必需品,而农业则为包括非农产业部门从业人员在内的全体民众提供了食品。一般而言,只有当农业从业者所生产的农产品满足自身需求且有剩余之时,其他国民经济生产部门才能得以顺利发展。虽然从理论上讲,可以通过进口缓解国内食品的供给不足,但在实际中大量进口食品会受到政治、社会和经济等多重因素的制约,甚至会让一个国家面临风险并陷入困境之中。因此,我国未来农业的发展之路必然是依靠本国农业满足广大消费者对食品日益增长的需求。除了食品贡献之外,农业还为工业尤其是轻工业提供了重要的原料来源,从而为推进我国工业化进程发挥了重要作用。作为第一发展中国家,大力发展以农业为原料的加工业可以充分发挥我国的比较优势,有助于工业化进程的加快和国民收入的增加。此外,农业的产品贡献还表现在对国民经济增长的促进上,由于农产品尤其是谷物产品的需求收入弹性要小于非农产品,民众收入的增加通常意味着其用于食品消费的支出比重会不断下降,进而导致国民经济中农业的产值份额随之下降。但同时,以农产品为原料进行生产的工业品的需求弹性一般大于原料本身的收入弹性,这样使得农业的重要性相对提高,对国民经济发展的促进作用增大。

2.要素贡献

其含义是指农业部门的生产要素转移到非农产业部门并推动其发展。主要表现在以下三个方面。

(1)土地要素贡献

国民经济其他产业部门的发展通常需要农业部门释放和转移更多的土地资源作为其生产和活动的场所,比如城区范围的扩大、道路交通的修建、工矿企业的建设等。一般而言,非农产业对土地的需求是社会经济发展的必然,其所需土地多位于城郊或者农业较为发达的地区。虽然从回报来看,农地非农化会使农民收益得到增加,对于他们而言无疑是理性选择。但从整个国家和社会层面来看,市场机制的过度自由发挥将不利于农业乃至整个国民经济的持续健康发展。因为农地资源属于稀缺性资源,供给相对有限且具有不可替代性,其规模的减少必然不利于农产品的有效供给和社会的长治久安。因此,在满足非农产业发展建设用地需求的同时,也要适当加以宏观调控。

（2）劳动力要素贡献

在人类社会发展的初期，农业是唯一的生产部门，几乎所有的劳动力都集中在农业生产领域。随着社会经济的不断发展，农业生产率得到了极大提高，其对劳动力的需求开始下降，由此出现了农业劳动力剩余，他们可以向其他非农产业部门转移，从而为非农产业的快速发展提供必要的生产要素，并创造最为基本的生产条件。由此可见，农业是非农产业部门重要的劳动力来源渠道，为它们的形成和发展做出了巨大贡献。但是，对于大多数国家尤其是发达国家而言，非农产业的快速发展以及机械化、信息化、自动化技术的不断普及与应用会导致其对农业劳动力的吸纳能力越来越低，并由此引发农业劳动力的结构性过剩，即低素质劳动力供给严重过剩，而符合要求的高素质劳动力却供给不足。大量剩余劳动力的出现已经成为制约我国社会经济发展的重大障碍。

（3）资本要素贡献

在经济发展的初级阶段，农业是最主要的物质生产部门，而工业等其他新生产业部门起点相对较低、基础薄弱，基本无资本积累能力。在这个阶段，农业不仅要为自身发展积累资金，还需为工业等其他产业部门积累资金。由此可见，国家早期的工业化以及新生产业的资本原始积累主要依赖于农业，农业为一个国家的工业化进程提供了重要的资本要素贡献。随着社会经济的进一步发展，非农产业部门凭借着较快的技术进步以及自然资源的使用不受约束等得天独厚的优势，使得其资本报酬要远高于农业部门，在该情形下要素的趋利流动规律又促使农业资本流向非农产业部门，再一次为非农产业的发展做出资本贡献。与此同时，鉴于非农产品的需求收入弹性要大于农产品的需求收入弹性，政府部门也倾向于将农业资本增量投向非农产业部门，通常政府会通过行政手段实现资本的转移。

3.市场贡献

农业对国民经济的市场贡献主要通过两个维度来体现：一方

面,农民作为卖者,可以为市场提供各类农产品,以满足社会对粮食、肉类、蔬菜及其他一切农产品日益增长的需求。作为消费市场的重要组成部分,农产品市场的丰裕程度是衡量一个国家或地区市场经济是否繁荣的重要标志。农产品市场供给充足,流通量增加,不但可以促进相关运销业的发展,还有利于社会消费成本的降低,进而促进农产品市场体系的日趋完善以及农业要素市场体系的成熟发育。另一方面,农民作为买者,还是各类工业品的购买者,以满足自身生产与生活的需要。如以化肥、农药、农膜、机械、电力、能源等工业品为代表的农业投入品,和以服装、家具、家用电器、日常用品、耐用消费品等工业品为代表的农民生活用品。农村是工业品的基本市场,随着农业现代化步伐的加快以及农民生活水平的不断提高,农村对农用工业品以及相关的生产生活资料的需求将会日益增加,这就为未来工业提供了较为广阔的市场。

4. 外汇贡献

农业的外汇贡献一般通过两种方式实现:一是直接形式,通过出口农产品为国家赚取外汇;二是间接形式,通过生产进口农产品的替代产品,达到减少外汇支出的目的,从而为国家平衡国际收支做出贡献。在一个国家国民经济发展的初级阶段,农业外汇通常发挥着极为重要的作用。这是因为此时由于工业基础薄弱、科学技术较为落后,厂家所生产出的工业品一般不具备出口创汇能力。但同时,为了加快推进国家工业化进程,又急需从发达国家购买先进的技术、机械设备和各类原材料,由此导致了外汇需求量的增加。为了缓解外汇不足的问题,在国际上具有一定比较优势的农业部门必然需要在出口创汇中发挥重要作用,通过农副产品及其加工品的出口直接为国家换取大量的外汇。可以想象,如果缺少农业的支持,大多数发展中国家的工业化进程会因此滞缓。随着社会经济的不断发展,独立、完整的工业化体系会逐步形成,此时,农业外汇的贡献份额一般会下降。究其原因,主要是工业的壮大会导致其产品出口创汇能力的不断增强,并逐步成为国民经济出口创汇的主导力量。不过,农业外汇贡献份额的下降并不意味着其外汇贡献的消失,事实上,农业出口创汇的绝对量甚至还有可能增加。

三、农业的功能

农业在国民经济发展中除了能为人们提供生活所必需的食物和纤维等多种商品之外,同时还具有其他一些非商品产出功能,而这些功能所形成的有形或者无形价值一般不能通过市场交易和产品价格来体现。具体而言,农业所具有的非商品产出功能主要包括社会稳定功能、生态环境功能、粮食安全功能以及文化传承功能。

(一)社会稳定功能

农业问题与社会稳定之间存在着较为密切的关系,主要通过四个方面体现:其一,农业是社会稳定的基本前提。农业稳定发展一方面可以为社会提供充足的农产品,以满足人们最为基本的日常生活需求;另一方面还能使人们生活安定、安居乐业。其二,国家能否自立自强在很大程度上由其农业发展水平决定。如果一个国家无法保障其主要农产品(粮食)的基本自给,而主要依赖于进口,不仅会对全球农产品市场造成巨大压力,而且也难以立于世界强国之林;一旦国际局势发生变化就会受制于人,甚至国家安全也会遭受危害。其三,社会稳定在于农村,农村稳定在于农业。像我国这样农村人口比重偏高的国家,由于农业具有典型的地域分布特点,除了能为农民提供谋生手段和就业机会之外,还为他们提供了生活与社交的基本场所,从而确保了社会的稳定。其四,农业土地资源在发展中国家具有重要的社会福利保障功能。对于发展中国家而言,其社会福利保障体系尚不健全,贫困人口数量较多且绝大多数分布在农村。在这种情况下,拥有土地的农民通过农业生产活动,可以获得最为基本的生活保障,从而实现对社会保障的替代作用。

(二)生态环境功能

农业生产活动与自然生态环境密不可分,农业生产及其相关土地的利用会对生态环境产生有利或者不利的影响。良好的自然生态环境有利于动植物的生长发育,同时还可降低农业生产遭受自然灾害破坏的风险。人们如果能合理地利用自然资源进行农业生产,可以为农业自身和人类社会共同营造一个良好的生态环境。例如,通过农作物的光合作用吸碳增氧,利用植树造林防风固沙、防止水土流失和土地荒漠化、改善气候并减少温室气体排放,通过微生物的作用实现工业废弃物、畜禽粪便以及生活垃圾的能源化(沼气)利用,发展循环农业实现多种产品的资源化再利用和温室气体的减排,通过作物轮作和肥料施用实现生物量和养分固定量的增加等。有时,农业对自然生态环境也具有一定的负面影响,主要是由农用化学品、农田灌溉和机械耕作的过量投入所致,具体包括化学品污染、水土流失、种植系统多样性消失、土壤结构破坏、动物栖息地大量减少等。一般而言,农业对生态环境的影响呈现规模差异下的地域性特征,比如吸碳减排效应具有全球性影响,而河流污染却仅具有区域性影响。另外,以自然物种灭绝为代表的某些生态环境影响甚至还具有非可逆性。

(三)粮食安全功能

联合国粮农组织对粮食安全进行了概念界定,其含义是所有人无论在何时均有足够的经济能力获取满足自身所需的安全卫生且富有营养的食品,从而达到健康生活对食品的需要及偏好。粮食安全通常由四个要素构成,分别是充足的供给、供给的稳定性、粮食的可获取性以及食物的卫生安全、质量和偏好。一般通过三种方式实现粮食安全:一是完全依靠自己生产,即自给自足;

二是完全依赖于进口;三是自我供给与对外进口有机结合。通常而言,开放贸易有助于全球农产品市场的稳定,它所产生的贸易利益能极大地提高人们的收入水平和购买能力,从而确保国家的粮食安全。该结论满足的前提是,在开放贸易实施之后,所有国家都为稳定世界农产品市场做出了贡献。但同时,那些严重依赖粮食进口的国家却极为担心未来国际农产品市场的演变动态。在这种情形下,一个国家的农业除了需要保障粮食供给之外,还应具备一些特定的非商品功能,比如保证足够的粮食自给水平、减少对国际市场过度依赖的担忧、增强粮食安全的保障感、确保国家宏观战略的实现等。对于那些粮食自身供给严重不足且购买力相对低下的国家和地区,农业生产还具有消除饥饿并确保家庭粮食安全的特殊功能。

(四)经济文化功能

除了具备提供产品和就业机会等传统经济功能外,农业还具有一些其他经济方面的非商品产出功能,它们与一般经济活动的区别在于其实现是否通过市场机制,虽然所涉及的具体功能较多,但以保障农村劳动力就业和经济缓冲作用最具代表性。其中,绝大多数发展中国家二元经济结构的存在以及国际劳动力流动的严格受限是导致保障农村劳动力就业成为重要农业非商品产出功能的主要原因。所谓经济缓冲作用,是指农业随着宏观经济的波动适时地释放和吸纳劳动力,该功能有助于减缓经济危机并加速经济的复苏。除了经济功能之外,农业还具有形成和保持农村独特文化和历史的功能。究其原因,主要在于农业生产活动与农村生活之间存在着较为紧密的关系,且与城市相比农村具有相对的独立性和封闭性,这些属性的存在均有助于农业特定传统文化的形成与保持,一些国家的文化和传统深深地根植于农村生活,许多传统节日也与农业密不可分,从而形成了一系列极富地方特色和乡土气息的农村文化和传统。

第二节　农业经济学的起源与发展

一、西方农业经济思想的形成与发展

在西方,农业经济思想最早可追溯至古希腊和古罗马,然后延续至今。结合其演变轨迹与时代特征,可划分为四个阶段,依次为前资本主义时期的农业经济思想、近代资本主义前期的农业经济思想、近代资本主义后期的农业经济思想以及现代农业经济科学的形成与发展。

(一)前资本主义时期的农业经济思想

随着早期农业生产力的发展以及奴隶制生产关系的出现、发展,古希腊、古罗马的农业经济思想应运而生。当时许多著名的思想家、经济学家在其论著中都曾对农业进行过相关论述。比如古希腊的色诺芬,在《经济论》中就尝试阐述了朴素的农业经济思想;又如古罗马的加图和瓦罗,在其著作《农业志》和《论农业》中,曾将农业经济思想同农业生产技术知识结合到一起进行研究。虽然当时的农业经济思想并未形成完整的体系,但从他们的著作中,可以清晰地了解到古希腊、古罗马对农业地位、作用的认知,对农业生产经营的分析以及对农产品价格功能的理解等,这些丰富的内容为接下来农业经济思想及其理论的发展奠定了坚实基础。

到了中世纪的西欧,随着农业生产力与生产关系的进一步变革,其经济思想又经历了一次飞跃,主要表现在四个方面。

1.维护封建秩序与封建土地所有制的正统思想

步入封建社会的西欧,国王和领主为了强化自己的统治,通过法令的形式并辅以强制手段迫使私有制全面推行。到了11—12世纪,领主对庄园内的一切财产都具有处置权,还拥有对所有庄园居民的政治管辖权。此时,在思想和教育界处于绝对权威的神职人员通过神话和巧妙构思的神学体系来实现欺骗民众的目的,以便强化私有制的合理性。

2.主张财产公有制并消灭等级特权的异端思想

该思想出现于中世纪后期,是一种与维护封建秩序相对立而带有平均主义倾向的思想,它通过多种形式显现,如 14 世纪以后的农民起义纲领、宗教改革运动中异端先驱者所宣扬的教义、空想共产主义对理想社会的描述等。由于当时时代的局限性,即整个社会都处在基督神学的统治之下,这些激进思想在宣传过程中多以宗教外衣为掩护。宗教虽使人安分守己,但它所虚构的彼岸或天国中,是不存在剥削的,所有人生来平等且自由。

3.强调公平但忽视效益的重农抑商思想

在欧洲中世纪时期,当经济现象涉及伦理道德问题时,以研究神学为主的经院学者一般倾向于利用神学观点对其进行解释。对于财产的形成与分配,通常会将其是否有益于社会或者人心作为最终的取舍标准。需要付出大量体力劳动的农业生产活动,被认为有助于冲淡人心中的物欲而促使良好品德的形成,故对其大加赞扬;而商业等交换行为则被看成是企图通过非正当手段、利用非公平原则来获取财富,故对其加以谴责。在当时的大环境下,宣扬清心寡欲的心态可以弥补现实物质生活的贫乏,并减少尘世的各种纷争,进而有助于社会秩序的稳定。

4.优化结构、改进管理的农业经营思想

13 世纪,西欧封建社会步入全盛时期,通过强化监督与开展核算使得庄园管理水平得到了极大提升。其管理原则与经营思想主要源自于《亨利农书》。该书主要提出了四个观点:一是不违农时是保证生产和提高效益的首要前提;二是可以通过会计制度的推行改进粗放的管理方式;三是遵循任人唯贤的原则强化监督与管理;四是推行以货币化为手段的计算方式以适应商品经济的

发展。在这一时期,无论是大租佃农场主还是小农户,都意识到了优化生产结构、确定适度经营规模的重要性。为此,用合理的经营思想指导农业生产便构成了当时风行的农书主题,并备受关注。

(二)近代资本主义前期的农业经济思想(17 世纪至 19 世纪 30 年代)

近代农业经济思想包含在古典政治经济学之中,主要产生于英国、法国和德国。古典政治经济学是基于价值理论来研究农业,主要探讨了地租理论、农产品价格理论、生产要素投入与收益之间的关系以及涉及农业的各项政策,进而在真正意义上进入农业经济的理论探讨。随着古典政治经济理论的进一步发展,相对独立的农业经济理论体系逐步产生。其中,拥有农业经济学创始人之誉的英国经济学家阿瑟·扬于 1770 年出版了《农业经济学》,在书中他较为详细地论述了农业生产要素配合比例、生产费用、经营收益三者之间的相互关系。不过,农业经济思想更大的发展却是在德国。其中,哥廷根大学的戈特洛布·冯·尤斯蒂主张废除耕作强制,瓜分共有土地,合并分散的小块耕地地块,尽最大努力消除农民的杂役负担。而他在哥廷根大学的继承人约翰·贝克曼于 1979 年率先为高等院校编写了农业教科书《德国农业原理》,该书也成为当时最好和最受欢迎的著作之一。阿尔布雷·丹尼尔·泰尔是一位较早倡导农业理论与实践的学者,在他的影响下,德国各地创建了许多高等农业院校及附设的农事试验场,同时他还确立了追求利润最大化的农业经营理论,并提出了农业静力学原理,这些突出成就不仅使他成为德国农业经营学的创始人,更被看作当时欧洲大陆农业经济学界的泰斗式人物。泰尔的学生约翰·海因里希·冯·屠能进一步发展了他的思想,在其出版的《孤立国与农业和国民经济的关系》一书中,推翻了泰尔轮栽制绝对优越论,而构建了其他各种农业形式相对优越的理论。他是较早使用边际分析法的学者,通过假定一个孤立国,提出了农业集约理论和农业圈境说(又称农业生产位置配置理论)两个农业经济学基本理论。进而又从假设回到现实,指出孤立国与现实世界相比的种种差别,进一步阐明其基本理论。屠能的理论与观点为后世农业经济学思想发展奠定了重要基础,从而形成了相对独立的农业经济思想理论体系。

(三)近代资本主义后期的农业经济思想(19 世纪 40 年代至 20 世纪初)

在整个资本主义后期,边际分析法的采用与推广成为经济学理论研究的重点,而农业不再像近代资本主义初期在古典经济学中占据那样重要的地位。尽管如此,理论和理论经济学中仍存在一些反映农业的经济观点。为了对抗马克思的剩余价值理论,庞巴维克、克拉克、马歇尔等人先后放弃了劳动价值论,而改用效用价值理论来阐明农产品的价值和价格,并重新解读了地租理论及由其发展而来的农业赋税理论等。德国历史学派的代表人物弗里德里希·李斯特深刻论述了农业在国民经济中的重要地位和作用,他认为,纯农业国是社会历史发展中的一个重要阶段,工业的发展离不开高度发展的农业;而反过来,也只有建立和发展工业才能推进农业进一步发展。因为纯农业国资源利用程度和分工发展程度普遍偏低,其农业生产经常处于残缺状态,在国际贸易中通常处于发达国家从属的地位。综合来看,纯农业国普遍存在分散、保守、迟钝的特征,从而缺乏文化、繁荣和自由。李斯特的这一经济理论极大地丰富了农业经济学的研究内容。

这一时期,西方农业经济科学得到了进一步发展,仍以德国农业经营学派成就最为突出。其中,曾在耶拿大学、波恩大学等校担任教授的特奥多·冯·戈尔兹占有非常重要的地位。他于 1886 年出版了《农业经营学》,力图通过该书使农业经营学由李比希影响下的农业化学转回到经济学,受其思想影响最深的是他的两个学生艾瑞保和布林克曼,后来他们都成为著名的农业经济学家。其中,艾瑞保曾任柏林农学院院长,先后出版了《农业经济学说论文集》(1905 年)、《农场与农地评价学》(1912 年)、《农业经营学概论》(1922 年)等著作,至 1922 年《农业经营学概论》已发行第六版,由此成为农业经营学领域发行量最大、影响范围最广的一部名著。布林克曼曾任波恩农学院教授、院长和波恩大学校长,先后出版了《农业经营经济学》《农业经营学说之演变》等著作。布林克曼与艾瑞保都是将农业经营学的重心放在经济学方面,其理论为现代农业经济学奠定了基础,并对农业经济学各分支的形成产生了重大的影响。

(四)现代农业经济科学的形成与发展(20 世纪初以后)

进入 20 世纪以后,现代农业科学已逐步形成一个完整的体系,农业经济科学则是其重要组成部分,主要包括农业经济学、农场经营管理学、农业技术经济学、农村市场学、农业财政与会计、农村金融、农产品贸易等。现代农业经济思想主要根植于农业经济科学的各个分支之中,其发展主要受前一阶段农业经营学派思想的影响,与屠能、泰尔、艾瑞保、布林克曼以及他们的著作之间存在着紧密联系,同时也是西方现代基础经济理论的重要组成部分。现代农业经济科学主要在美国得到了长足发展。1926 年,美国学者布莱克运用新古典理论,基于农场生产数据的统计分析结果,出版了第一部以农业生产经济学命名的著作——《生产经济学概论》。20 世纪 50 年代以后,计量经济学、动态经济理论、计算机分析工具在农业生产经济中得到了广泛运用,主要用于研究农产品的市场与需求、农业生产中的风险与不确定性以及大范围农业与多层次农业。现代农业经济学思想还在发展经济学中得到了集中体现。1954 年,刘易斯提出了二元经济发展模型,主要采用古典经济学方法进行分析,指出了发展中国家经济结构的二元特点,即强调工业部门的快速发展,农业部门通过低廉的粮食和劳力支持工业,采用转移农业剩余劳动力到工业的方式实现整个国家的现代化。舒尔茨在其《改造传统农业》(1964 年)一书中明确反对农业劳动生产率等于零、农业只能向工业输出资源而自身无吸资能力、传统农民对经济刺激无法做出反应等观点,而强调农业相当程度的发展是实现工业化的必要前提。进入 20 世纪 70 年代以后,发展经济学更加重视科技进步、人力资源开发、对外开放、最优增长、多部门或者各产业协调发展以及可持续发展等研究。上述研究极大地丰富了现代农业经济思想理论。

二、中国农业经济的形成与发展

(一)源远流长的中国农业经济思想

作为四大文明古国之一,中国拥有历史悠久的农耕文化,农业经济问题也一直为人们所重视。在历朝历代的经济学思潮中,农业经济思想一直占据着极为重要的地位。比如土地问题,殷周时期为"均田制",西汉董仲舒坚持"限田"主张,明代邱浚则提出了"配丁田法"等;对于农业地位的认识,形成了农本、重农抑商、农工商皆本、农工商并重等多种理论;而在农业发展策略的选择上,春秋时期的管仲提出了"重本饬米",战国时期李悝、商鞅分别主张"尽地力之教"和"贵粟"的思想,宋朝王安石则大力推行青苗法和市易法。上述制度或者政策均蕴含着极为丰富的农业经济思想,但受限于我国长期处于封建社会、农业商品经济不甚发达的现实,未能形成科学的体系。

(二)20 世纪初的农业经济研究

步入 20 世纪 20 年代之后,一些西方学者开始尝试运用西方经济学的观点和方法探究中国农村问题,并形成了一大批极具代表性的研究成果,比如泰勒的《中国农村经济研究》(1924 年)和卜凯的《中国农家经济》(1930 年)。同一时期,一些国内马列主义信仰者也开始利用马克思主义的理论对中国农村的实际问题进行探讨,如毛泽东的《中国社会各阶级分析》(1926 年)和《湖南农民运动考察报告》(1927 年)。此后,由中国共产党领导、中国农村研究会所主办的刊物《中国农村》(1934—1943 年)发表了一系列以马克思主义为指导的农村调查报告,对中国当时的租佃制度、农业合作、农产品供求与价格等农业、农村问题进行了大量阐述。与此同时，一些大学也开设了农业经济学课程，其中南京金陵大学开办最早，该校于 1922 年率先开设农业经济学课程，次年成立农业经济系。此后，其他大学也陆续开课设系，不过一般采用西方农业经济学教材。

（三）新中国成立以后的农业经济学发展

新中国成立之后，逐步建立与社会主义发展相适应的农业经济学。其中，在 20 世纪 50 年代初期，所采用的教科书基本源于苏联；50 年代后期，国内才出版第一本由国人自主编写的农业经济学教材。"文化大革命"时期，受整个教育界混乱的影响，农业经济学的发展也遭受了重大影响，直到 70 年代末才逐步恢复。自 20 世纪 80 年代以来，随着改革开放这一基本国策的全面实施，社会主义市场经济开始逐步取代传统的计划经济，我国也由此步入经济转型与国际社会接轨的新时期。在这个阶段，我国农业也明显加快了市场化步伐，并由传统农业逐步向现代农业转变。围绕新时期我国农业经济所遇到的若干理论问题，学术界展开了大量细致、深入的研究，从而在客观上促使我国农业经济学的内容和学科体系不断完善。

第三节　我国的农业经济制度及其演变

一、1978 年以前的农业经济制度

（一）土地改革

1. 土地改革的必要性

新中国的土地改革，特指在新中国成立前后，由中国共产党

领导的以贫下中农为主体的农民群众消灭封建剥削土地所有制和建立以农民土地所有制为基础的农村基本经济制度,这次改革历史意义深远,是一种强制性的制度的改变。

我国长久以来的封建地主土地所有制是制约我国生产力进一步发展的重大障碍。为了促进生产力变革,提高生产力,促使我国由农业国向工业国转变,就必须对封建土地所有制进行彻底的改革。

2. 土地改革的简要历程

1947年9月中共中央召开全国土地会议,制定了以没收地主土地、废除封建土地所有制为主要内容的《中国土地法大纲》,在1.5亿人口的解放区开始了大规模的土地改革运动。

中华人民共和国成立后,1950年6月30日中央人民政府主席毛泽东发布命令公布施行《中华人民共和国土地改革法》,在新解放区开展了大规模的土地改革运动。

到1952年冬,除台湾和一些少数民族地区外,全国其他地区基本完成土地改革,3亿多无地、少地的农民分得了4 600万公顷(7亿亩)土地和大批耕畜、农具等生产资料,摆脱了每年向地主缴纳350亿千克粮食地租的重负,彻底摧毁了在中国延续了2 000多年的封建土地所有制度,全面建立了新阶段的农村土地所有制度。

3. 土地改革的主要内容

土地改革的基本目的是废除地主阶级封建剥削的土地所有制,实行农民的土地所有制,借以解放农村生产力,发展农业生产,为新中国的工业化开辟道路。主要内容包括以下三个方面。

(1)没收地主的土地、耕畜、农具、多余的粮食及其在农村中多余的房屋等财产,没收工商业主在农村的土地和原由农民居住的房屋,废除土地改革以前的土地契约,从而彻底消灭封建土地所有制。

(2)对所有没收和征收来的土地和其他生产资料,除收归国家所有之外,均要统一地、公平合理地分配给无地、少地及缺乏其他生产资料的贫苦农民,对地主发给同样一份土地,使之成为自食其力的劳动者。

(3)人民政府给分地农民颁发土地所有证,承认一切土地所有者自由经营、买卖及出租其土地的权利,从而建立起农民土地所有制。

4.土地改革的即期效果和深远历史意义

(1)土地改革的政治效果和经济效果

土地改革彻底改变了中国人心向背的局面,成为对旧国民党反动政权进行毁灭性打击的主要政策武器,使广大中国农民空前忠诚地团结在中国共产党的领导下,以摧枯拉朽的巨大力量,埋葬了使中国长期陷于半殖民地半封建社会而停滞不前状态的旧国民党反动政权,成立了中华人民共和国。此后为保卫新生共和国政权和国家主权独立的抗美援朝战争,也是在保家卫国的口号下,动员和组织了大量农村青年子弟义无反顾地投入战争之中并取得了历史性的伟大胜利。

中国共产党领导的土地改革,是中国几千年历史上一次翻天覆地的社会大革命。它从根本上颠覆了严重制约农业生产力发展的封建土地所有制,使广大农民得以免除向封建地主阶级缴纳巨额地租的负担,并可将其生产剩余用于农业扩大再生产。新制度极大地激发了农民的生产积极性。土地改革实施后短短几年间,中国农业生产取得了显著发展。

（2）为国家工业化奠定基础

全面反映中国共产党建国思想的《中国人民政治协商会议共同纲领》（以下简称《共同纲领》）指出，土地改革是发展生产力和国家工业化的必要条件。土地改革极大地解放了农村生产力，使广大农民群众的生产积极性空前提高，改良土地、应用和推广新技术以提高土地产出率，组织劳动互助以最大限度提高农业劳动生产率，使得农业生产力水平显著提高。实施了土地改革的广大农村地区，开始走向经济富裕和文化进步的新社会。农业发展和农村进步也为工业发展提供了更多的原料，开拓了国内工业品市场，从而创造了中国工业化的必要前提条件。

5. 土地改革的不彻底性

土地改革后，农民获得了人民政府授予的土地所有证，人民政府承认一切土地所有者可以自由经营、买卖及出租其土地的权利。因此，土地改革建立了农村全面的自耕农土地私有制度，使新中国成立初期的中国农村呈现出"小农经济的汪洋大海"的突出特征。

农民享有土地买卖和租赁自由、雇工自由、借贷自由、贸易自由等"四大自由"，使农村形成经济学意义上的完全竞争市场，个体农民要依靠自身的家庭资源和生产经营能力进行农户之间的广泛的生产经营竞争，以达到维持家庭生存和发家致富的目的。这样就不可避免地出现由于先天资源禀赋的差异和市场竞争风险而使多数农户成为市场竞争中的失败者，导致农民中的市场失败者们与旧社会一样卖房、典地甚至破产流亡的凄惨景象。新政权通过强制性制度变迁赋予农民的土地权利又被市场竞争的力量剥夺，这就使得"耕者有其田"的理想流于空谈，不能从根本上改变广大农民群众被压迫、被剥削的历史地位。从更为长远的角度看，不能改变这种中国历史上反复出现的新政权建立农民获得土地而随后土地被收取的历史循环，将使国家不能摆脱失地农民成为致乱之源和推动政权更替的主要社会力量的潜在巨大风险。

因此,这样的土地改革是不彻底的,它不能起到保护广大农民阶级的根本利益的历史作用,只能为今后更为深刻的农村基本经济制度变革即农业合作化创造条件。

(二)农业合作化

1. 农业合作化的历史必然

《中国共产党第七届中央委员会第二次全体会议决议》(以下简称《决议》)和《共同纲领》均对新中国的基本农业经济制度的非私有化发展方向作了明确规定。《决议》规定,占国民经济总产值90%的分散的、个体的农业经济和手工业经济,是可能和必须谨慎地、逐步地而又积极地引导它们向着现代化和集体化的方向发展的,必须组织生产的、消费的和信用的合作社及其各级领导机关。《共同纲领》指出,合作社经济是半社会主义性质的经济,为整个国民经济的一个重要组成部分,人民政府应当扶助其发展。这些具有建国纲领性质的重要政策文件使农村基本经济制度在土地改革完成后向集体化方向发展具有必然性。

从社会实践看,1953年春,中国大陆地区的土地改革基本完成后,农业生产迅速发展,大部分农民经济上升为中农,但同时各地也出现了农户间贫富差距扩大的"两极分化"现象,即一小部分因各种原因而生活日趋艰难的农民开始卖地、借债和成为佃农,另外一小部分经济上升较快的农民开始从前一小部分农民那里买地、放债和雇工。因此,将当时的社会现实情况与中国历史经验相联系,以农民私人所有为主要内容的平均地权的开国政策,并没能阻止中国历史上反复发生的土地所有权从平均化到兼并再到形成大地主的轮回。这是新生的人民政权必须依靠制度创新来解决的重大问题。

2. 农业合作化运动的历史进程

第一阶段：农业生产互助组阶段。	农业生产互助组是农民生产互助组织的初级形式，是农民在个体经济的基础上，为了解决劳力、耕畜、农具缺乏的困难，按照自愿互利原则组织起来的劳动互助组织。
第二阶段：初级农业合作社阶段。	初级农业生产合作社是半社会主义性质的集体经济组织。社员以私有的土地作股入社，实行统一经营，取得土地报酬。耕畜、大型农具等主要生产资料入社统一使用，由合作社付给适当报酬，或按自愿互利原则，采取作价入社、由社分期付给价款的办法，逐步转为合作社集体所有。合作社成员集体劳动，按照社员的劳动付出和入社土地的多少分配劳动成果。与互助组相比，入社农民尽管享有入股土地分红，但具体耕地的产出情况与其所有者之间已没有直接的经济联系，因此入社农户已经失去了对其所有土地的大部分产权。这使初级农业合作社与互助组有深刻的不同之处。
第三阶段：高级农业合作社阶段。	高级农业生产合作社是社会主义性质的集体经济组织体。入社农民自愿放弃其土地所有权，其土地无偿转为合作社集体所有，分配劳动成果时不计土地报酬。耕畜、大型农机具等主要生产资料，按照自愿互利原则，采取折价入社、由社分期付给价款的办法，逐步转为集体所有。社员集体劳动，实行按劳分配。由于农业生产互助组和初级农业生产合作社并没有改变农民土地所有制，即土地还是农民私有，但高级农业生产合作社则改变了土地的所有权性质，将农民土地所有制转变为农村土地集体所有制，因此高级农业生产合作社的普遍建立是改革开放前中国农村集体化农业基本经营制度形成的标志。

3. 农业合作化运动的历史意义和效果

中国共产党领导的农业合作化运动，使5亿多农民从沿袭几千年的家庭生产经营模式转变为农村集体经济生产经营模式，将独立、分散和细小规模的千千万万农户家庭组织成为农村集体经济组织。这在中国历史上和人类历史上都是前无古人的巨大规模的制度创新,是中国和世界农业史上的一场伟大而深刻的制度革命。它不仅将当时人类历史上最大规模的个体——农民带入社会主义新社会,避免了刚刚获得胜利果实的绝大多数农民重新走上两极分化、破产流亡的历史老路,也极大地促进了当时的农业生产力发展。

1956 年是农业合作化运动的高潮期,当年在遭受严重自然灾害的情况下,农业总产值仍然增长 4.9%;1957 年再次遭受严重自然灾害,粮食产量仍然比上年增产 50 亿斤;1958 年开始的"大跃进"对国民经济发展产生了消极影响,但当年农业生产还是获得了大幅度增产。

农业合作化运动的迅速发展,表面上看是政策强力干预造成的强制性制度变迁的结果,但从更深层次的社会历史背景来看,在 20 世纪 50 年代前半期加快实现全面农业合作化是由中国工业化主导的现代化经济建设的需要所决定的。1952 年 7 月至 1953 年 6 月,国家收购的粮食比供应的商品粮少 20 亿千克。1953 年夏,因自然灾害,夏粮减产 35 亿千克,收购难以完成,粮食形势更加紧张。以上问题充分说明分散独立经营的细小规模农户无法满足为国家现代化建设提供足够的农产品原材料和粮食产量的要求。因此,选择一种生产效率更高、抗风险能力更强、更能适应国家现代化建设对农业生产需要的新型农业基本经营制度和新型农业生产经营组织就成为历史的必然。

(三)人民公社

1.人民公社体制的建立

人民公社是农业合作化发展到一定阶段,为适应生产发展的需要,在高级农业生产合作社的基础上联合组成的具有社会主义性质的互助互利的政社合一的集体经济组织,实行各尽所能、按劳分配、多劳多得的分配原则。所谓政社合一,是指人民公社既是社会主义农村的经济主体,又是我国社会主义政权在农村中的基层单位。人民公社的特点是"一大二公"。所谓大，是公社的规模比原农业生产合作社大。所谓公，表现在三个方面：一是人民公社已与农村基层政权组织合二为一，即政社合一，是包括工、农、商、学（文化教育）、兵（民兵）在内的社会基层行政组织。在生产组织上，全社统一生产、集中劳动、统一核算、统一分配，后改为较成熟的"三级所有，队为基础"。二是公有制成分增加，即社员的私有财产比例减少，公有财产比例和公共积累增加，社员不凭借入社资产分红，而是按劳取酬。三是文化、教育、卫生、养老等公益事业和公共福利增加。人民公社是新中国农村经济建设需要的产物。随着农业合作社和农村生产力的发展，1957 年冬到 1958 年春，全国农村开展了大规模的农田水利基本设施建设活动。兴修水库和治理小流域，往往涉及几个、十几个甚至几十个村庄。进行大规模水利建设，必须实行统一规划、集中动员、组织和指挥整个区域高级农业合作社的力量，协调他们的利益。因此，突破高级社局部利益的限制、并小社为大社，便成为迫切的需要。

　　1958 年 4 月 8 日，《中共中央关于把小型的农业合作社适当地合并为大社的意见》正式发布，提出当前农业正在实现水利化，几年内还将逐步实现耕作机械化。在这种情况下，农业生产合作社如果规模过小，在生产的组织和发展方面势必产生很多不便，因此有必要将小型合作社合并成大型合作社。小社并为大社，不仅在规模上扩大了，也使生产经营范围超出了单纯农业的界限。这就为人民公社的形成创造了条件。

　　1958 年 9 月 10 日，《中共中央关于在农村建立人民公社问题的决议》正式发布。决议提出，人民公社是形势发展的必然产物，人民公社发展的主要基础是国家农业生产全面的不断跃进和 5 亿农民越来越高的政治觉悟，建立人民公社是指导农民加速社会主义建设，提前建成社会主义并逐步过渡到共产主义所必须采取的方针。该决议还对人民公社的规模标准、性质、组织管理制度、所有制形式、分配制度和经济政策等问题进行了规定。到 1958

年 9 月底,全国已基本实现了人民公社化,全国共建立起人民公社 23 384 个,加入农户 112 174 651 户,占农户总量的 90.4%,每社平均 4 797 户。

2.人民公社的调整与巩固发展

人民公社发展速度极快,几个月的时间就在全国范围内全面实现了农村人民公社化。这既反映了广大农民群众对执政党政策的至诚拥护和促进农业生产大发展的迫切愿望,也有一些从中央到地方的重要领导干部将人民公社化作为个人政绩表现的不良倾向,出现了为数不少的不符合条件的地方也仓促建成人民公社的情况。早期的人民公社的建设内容也有很多不符合实际的空想社会主义成分,如大食堂取代家庭生活、"组织军事化、行动战斗化、生活集体化"等错误的做法。这些做法被后起的人民公社化普遍盲目仿效推广,对农民群众的生活造成很多不便和困难。造成上述问题的制度性的深层次原因在于,人民公社制度在所有制性质、社内各级组织之间及其与社员之间的财产关系和生产成果的分配制度等设计上存在严重的错误,导致了损害农民利益、破坏农村生产力的共产风、浮夸风、干部特殊风和对生产的瞎指挥风等恶劣现象的出现,农业生产也受到严重影响。

鉴于人民公社化存在的上述问题,1960 年 11 月 3 日,中共中央发出《关于农村人民公社当前政策问题的紧急指示信》,对人民公社所有制形式进行调整,要求将"三级所有,队为基础"的核算制度作为现阶段人民公社的基本经济制度。此后的实践表明,将基本核算单位下放到生产小队的做法有效保护了农民利益和提高了农民生产积极性。因此,1962 年 2 月 13 日,中共中央又发出《关于改变农村人民公社基本核算单位问题的指示》,把基本核算单位从大队下放到生产小队,等于恢复到了在原初级社的规模范围内进行统一核算、统一分配。1962 年 9 月 27 日,在中国共产党第八届中央委员会第十次全体会议上通过的《农村人民公社工作条例(修正草案)》,再一次肯定了人民公社这种以生产队为基本核算单位的"三级所有,队为基础"的制度。在这以后,以生产队为基本核算单位的"三级所有,队为基础"的农村经济体制,就一直比较稳定地实行至农村改革之前。

3.人民公社的绩效评价

从实现了高级社之后的 1957 年到改革之前的 1978 年,在这 21 年间,在耕地面积总量下降 11.12％和播种面积下降 4.54％的情况下,我国粮食的总产量增长了 58.1％,年均增长 2.2％;棉花总产量增长了 50％,年均增长 1.95％;油料总产量增长了 2.6％,年均增长 0.12％。很显然,上述主要农产品增长主要依靠农业生产力水平的提高。

从农业生产条件来看,农业机械总动力从 1962 年的 757 万千瓦增加到 1978 年的 11 749.9 万千瓦,增长了 1 452.1％;有效灌溉面积从 1957 年的 27 339 千公顷增加到 1978 年的 44 695 千公顷,增长了 63.5％;化肥施用量从 1957 年的 37.3 万吨增加到 1978 年的 884 万吨,增长了 2 270％;农村用电量从 1957 年的 1.4 亿千瓦时增加到 1978 年的 253.1 亿千瓦时,增长了 17 978.57％。

从上述情况看,在人民公社存续期间,中国的农业生产条件发生了巨大的变化,为后来的农业发展和新中国实现初步工业化奠定了坚实的物质基础。

但是,经济和国内外形势在不断发展变化,由此使得人民公社体制的缺陷被暴露出来,主要表现如下:第一,先天矛盾存在于高度集中的统一的集体经济体制与农业生产特征之间,农业生产的对象是有生命的动植物,生产资料是有肥力特征的土地,这就需要在整个生产过程中劳动者自始至终给予关怀。而我国的农业的一个重要特点就是人均耕地资源占有量少、劳动力较充裕,这就使得我国农业只能走劳动密集、耗能低和土地生产率高的道路。由此来看,最适合的就是形成以家庭为单位进行农业生产的经营和管理模式。其次,农产品价格过低和"剪刀差"过大,这就使得农业的扩大再生产能力被大大削弱,不利于农业的正常发展,且容易浪费农产品,使得本来相当紧张的粮食等主要农产品的供给压力大大增加。再次,传统的户籍制度按照"农业"和"非农业"标准将全体中国公民分成两大类人群,如果没有特殊的情况,农民无法迁移为非农业人口,这就束缚了劳动力的流动,不利于社会劳动率的提高。最后,新中国成立后近三十年的传统经济体制是以牺牲农民利益为代价保证了我国工业化低水平资本的原始积累。"倾斜战略"使农业生产剩余的大部分被转移到工业产业,这就导致农民的劳动报酬过低,无法与其生产效率相匹配,农民只能得到大致均等的基本生活保障,生活水平长期处于低下状态,这就大大削弱了农民的生产积极性。

因此,农业基本经济制度改革成为必然。

二、农村改革及"双层经营"制度的形成与发展

(一)逐步建立家庭联产承包责任制(1978—1983 年)

1978 年 12 月召开的中共十一届三中全会开启了农村改革的进程。1978 年底,以安徽省滁县地区(今滁州市)凤阳县小岗村为代表的部分农村率先实行了土地承包经营。此后在中央的许可下,这一做法逐渐在全国范围内推广,使得中国农村经济改革率先从基本经营制度方面取得了突破。农村基本经营制度从人民公社体制下的统一经营制度演变为统一经营和分散经营相结合的家庭联产承包责任制。

1.从理论上肯定家庭联产承包责任制的社会主义性质

1980 年 9 月中共中央颁布的《关于进一步加强和完善农业生产责任制的几个问题》指出,凡有利于鼓励生产者最大限度地关心集体生产,有利于增加生产、增加收入、增加商品的责任制形式,如包产到户等,都应予以支持。

中央 1982 年 1 号文件即《全国农村工作会议纪要》指出,包产到户、包干到户或大包干都是社会主义生产责任制。该文件充分肯定了包产到户、包干到户的社会主义性质,从而大大推进了包产到户和包干到户的发展。1983 年 1 号文件即《当前农村经济政策的若干问题》认为,联产承包责任制具有广泛的适应性,是在党的领导下中国农民的伟大创造,是马克思主义农村合作化理论在我国实践中的新发展。这在理论上肯定了家庭联产承包责任制属于社会主义经济制度范畴,从而使这一制度在当时的意识形态环境下得以推进。

2.初步建立家庭联产承包责任制

1983 年 10 月 12 日,中共中央、国务院在《关于实行政社分开建立乡政府的通知》中要求在 1984 年底之前取消人民公社,成立乡镇政府,将全国 5.6 万个人民公社改为 9.2 万个乡镇人民政府,从而为农村基本经营制度改革奠定了体制基础。

据统计,到 1980 年秋,全国实行双包到户的生产队已占总数的 20%;1981 年底,发展到占 50%;1982 年夏,发展为占 78.2%;1983 年春,发展到占 95% 以上。至此,以土地承包经营为核心的家庭联产承包责任制,取代了人民公社体制下的统一经营制度,成为中国农村的基本经营制度。家庭联产承包责任制赋予了农民充分的生产经营自主权,重新构造了农村经济组织的微观基础,由此引发了中国农村经济社会的一场历史性大变革。

(二)稳定家庭联产承包责任制(1984—1993 年)

1984 年 1 号文件即《关于一九八四年农村工作的通知》要求,继续稳定和完善家庭联产承包责任制,规定土地承包期一般应在 15 年以上;生产周期长的和开发性的项目,承包期应当更长,从而保证了土地承包经营在较长时间内的稳定。

1991 年 11 月 29 日,《中共中央关于进一步加强农业和农村工作的决定》要求把以家庭联产承包为主的责任制、统分结合的双层经营体制,作为我国乡村集体经济组织的一项基本制度稳定下来,并不断充实完善。1993 年 11 月 5 日,中共中央、国务院《关于当前农业和农村经济发展的若干政策措施》指出,以家庭联产承包为主的责任制和统分结合的双层经营体制,是我国农村经济的一项基本制度,要长期稳定,并不断完善;在原定的耕地承包期到期后,再延长 30 年不变。

(三)将农村基本经营制度建设纳入法制化轨道(1993—2004 年)

在这一阶段,国家为稳定农民的土地承包经营关系,将农村基本经营制度建设纳入法制化轨道,使农民的土地承包经营权成为农户的合法权益,受到法律保护。1993 年 7 月 2 日第八届全国人民代表大会常务委员会第二次会议通过的《中华人民共和国农业法》第一章第六条规定:国家稳定农村以家庭联产承包为主的责任制,完善统分结合的双层经营体制。在第二章又规定:集体所有的或者国家所有、由农业集体经济组织使用的土地资源可以由个人或者集体承包从事农业生产,个人或者集体的承包经营权受法律保护。此后,《中华人民共和国农业法》在 2002 年和 2012 年经过两次修订,在农业基本经济制度方面的变化是提出国家长期稳定农村以家庭联产承包为主的责任制,完善统分结合的双层经营体制。

1998 年 8 月 29 日颁布实施的《中华人民共和国土地管理法》规定,土地承包期限为 30 年,农民的土地承包经营权受法律保护。1998 年 10 月 14 日,中共十五届三中全会通过的《中共中央关于农业和农村工作若干重大问题的决定》发布,要求坚定不移地贯彻土地承包期再延长 30 年的政策,抓紧制定确保农村土地承包关系长期稳定的法律法规。

1999 年 3 月 15 日,第九届全国人大二次会议通过的《中华人民共和国宪法修正案》规定,农村集体经济组织实行家庭承包经营为基础、统分结合的双层经营体制,从而将家庭联产承包责任制纳入国家根本大法。2002 年第九届全国人大常务委员会第二十九次会议通过的《中华人民共和国农村土地承包法》规定,农村集体经济组织成员有权依法承包由本集体经济组织发包的农村土地;任何组织和个人不得剥夺和非法限制农村集体经济组织成员承包土地的权利;农村土地承包后,土地的所有权性质不变;承包地不得买卖。《中华人民共和国农村土地承包法》使农村土地经营制度、土地承包方式、农民在本集体经济组织对土地的基本权利和保持长期稳定的土地承包关系都得到国家法律的有力保障。

（四）在家庭联产承包责任制长久不变的基本框架下,探索土地适度规模经营的实现方式（2005 年至今）

2005 年至今,国家在明确现行农村基本经营制度长期不变的条件下,探索实现土地适度规模经营的实现方式,以克服小规模农户分散生产经营造成的市场竞争力低下的弊病,为进一步提高农业生产力创造有利条件。

2005 年 12 月 31 日,中共中央、国务院《关于推进社会主义新农村建设的若干意见》指出,要稳定和完善以家庭承包经营为基础、统分结合的双层经营体制,健全在依法、自愿、有偿基础上的土地承包经营权流转机制,有条件的地方可发展多种形式的适度规模经营。

2007 年 1 月 29 日,中共中央、国务院《关于积极发展现代农业扎实推进社会主义新农村建设的若干意见》要求,坚持农村基本经营制度,稳定土地承包关系,规范土地承包经营权流转。

2007 年 3 月 16 日,第十届全国人民代表大会第五次会议通过《中华人民共和国物权法》,将土地承包权界定为用益物权,标志着中国农地物权制度正式确立,从而为农村基本经营制度的稳定进一步提供了有力的法律保障。

2008 年 10 月 12 日,中共十七届三中全会通过了《中共中央关于推进农村改革发展若干重大问题的决定》,要求稳定和完善农村基本经营制度,赋予农民更加充分而有保障的土地承包经营权,现有土地承包关系要保持稳定并长久不变。2008年12月31日,中共中央、国务院《关于2009年促进农业稳定发展农民持续增收的若干意见》提出,稳定农村土地承包关系;抓紧修订、完善相关法律法规和政策,赋予农民更加充分而有保障的土地承包经营权,现有土地承包关系保持稳定并长久不变;建立健全土地承包经营权流转市场。土地承包经营权流转,不得改变土地集体所有性质,不得改变土地用途,不得损害农民土地承包权益。

2009年12月31日,中共中央、国务院《关于加大统筹城乡发展力度进一步夯实农业农村发展基础的若干意见》要求,稳定和完善农村基本经营制度;完善农村土地承包法律法规和政策,加快制定具体办法,确保农村现有土地承包关系保持稳定并长久不变;加强土地承包经营权流转管理和服务,健全流转市场,在依法自愿有偿流转的基础上发展多种形式的适度规模经营。

2011年12月31日,中共中央、国务院《关于加快推进农业科技创新持续增强农产品供给保障能力的若干意见》要求,稳定和完善农村土地政策;加快修改完善相关法律,落实现有土地承包关系保持稳定并长久不变的政策;按照依法自愿有偿原则,引导土地承包经营权流转,发展多种形式的适度规模经营,促进农业生产经营模式创新;加快推进农村地籍调查,2012年基本完成覆盖农村集体各类土地的所有权确权登记颁证,推进包括农户宅基地在内的农村集体建设用地使用权确权登记颁证工作,稳步扩大农村土地承包经营权登记试点,财政适当补助工作经费;加强土地承包经营权流转管理和服务,健全土地承包经营纠纷调解仲裁制度;加快修改《中华人民共和国土地管理法》,完善农村集体土地征收有关条款,健全严格规范的农村土地管理制度;加快推进牧区草原承包工作;深化集体林权制度改革,稳定林地家庭承包关系,2012年基本完成明晰产权、承包到户的改革任务,完善相关配套政策。

(五)对现行农村基本经营制度的评价

国家力图建设和稳定的农村基本经营制度的基本模式是"统

分结合、双层经营"，旨在发挥农户和农村集体经济组织两个层面的积极性，促进农业生产力发展。

从目前的情况看，农户"分散经营"的层面取得了较好的效果，农户因能够直接享有其生产成果，从而在较大程度上激发了农业生产积极性。在农户平均承包土地和分散生产经营决策的基本农业生产经营模式下，农户能够及时根据市场信息进行生产决策，以在市场经济条件下追求农户家庭利益最大化。同时，其长期承包的土地也具有基本社会保障的作用，对于稳定农民的生产积极性有一定的作用。但弊病在于中国农户数量众多，大量小规模农户分散独立生产经营，造成农户的小生产与大市场之间的矛盾十分突出，小农户抵抗市场风险能力低，从而难以确保获得足够的生产经营效益；过于分散的生产经营模式也容易造成农产品市场波动剧烈，增加了国家对市场经济的调控难度，不利于维护消费者和生产者的利益。

农村集体经济组织的"统一经营"层面并未取得预期效果，突出表现在农村基本生产和生活公共设施建设严重不足，如农村道路、农田水利、土地整理、中低产田成片改造和新技术推广等均存在建设主体和管理主体缺位的情况，小农户无力承担，而农村集体经济组织也没有很好地发挥作用。这是今后改革的方向。

（六）新制度的发展趋势

1．"长久不变"是农村基本经营制度稳定的保障

关于我国农村土地的承包期，1984 年中央 1 号文件规定"一般应在 15 年以上"，1993 年中央 11 号文件规定"再延长 30 年不变"，十七届三中全会提出"长久不变"，这是中央适应农业发展需要和广大农民的要求而做出的科学决策。2010 年的中央 1 号文件明确指出，"完善农村土地承包法律法规和政策，加快制定具体办法，确保农村现有土地承包关系保持稳定并长久不变。"笔者的理解是，所谓"长久不变"，就是在"30 年不变"的基础上继续延长，

既包括作为我国农村基本制度的核心——家庭承包经营制度长久不变,也应该包括广大农民对第二轮承包以后承包经营的耕地(包括面积和具体地块)应拥有的权利和承担的义务长久不变,所承包的地块不应该再有所调整。这是完善我国农村基本经营制度的重大举措,具有深远的现实意义。

2."两个转变"是农村基本经营制度稳定的基础

2010 年中央 1 号文件指出,"着力提高农业生产经营组织化程度,推动家庭经营向采用先进科技和生产手段的方向转变,推动统一经营向发展农户联合与合作,形成多元化、多层次、多形式经营服务体系的方向转变。""两个转变"指明了中国农业现代化的道路。

为了推动"两个转变",尤其是第一个"转变"的实现,应在以下方面做出努力。第一,改革政府农业服务机构体制,以公共服务机构为依托,完善其公益型服务职能。要按照实现城乡基本公共服务均等化的目标,加快推进体制机制创新,大力发展农村公共事业,不断提高农村基本公共服务水平,促进农村社会全面进步。第二,壮大村级集体经济实力,进一步提高其农业社会化服务能力。村级服务机构在发挥农业社会化服务功能上处于特殊地位,发挥直接作用。第三,进一步加强龙头企业在农业社会化服务中的骨干作用。国际经验表明,发展农业产业化经营,是实现传统农业向现代农业转型的必由之路。第四,不断完善个体形式的民间服务组织,强化民间服务主体在农业社会化服务中的补充力量。第五,改革农村金融机构的服务机制和服务方式,提高其资金供给能力和服务能力。

3.进一步推动和规范农村承包地经营权流转是农村基本经营制度稳定的前提

2007 年实施的《中华人民共和国物权法》,把农村土地承包经营权界定为用益物权。用益物权是物权的一种,是指非所有人

"对他人所有的不动产或者动产,依法享有占有、使用和收益的权利"。既然是用益物权,承包人当然享有包括流转在内的各项权益,即土地承包经营权人依照《中华人民共和国农村土地承包法》的规定,有权将土地承包经营权采取转包、互换、转让等方式流转"。2010 年中央 1 号文件指出,"加强土地承包经营权流转管理和服务,健全流转市场,在依法自愿有偿流转的基础上发展多种形式的适度规模经营。"中共十七届三中全会通过的《中共中央关于推进农村改革发展若干重大问题的决定》指出,"加强土地承包经营权流转管理和服务,建立健全土地承包经营权流转市场,按照依法自愿有偿原则,允许农民以转包、出租、互换、转让、股份合作等形式流转土地承包经营权,发展多种形式的适度规模经营。有条件的地方可以发展专业大户、家庭农场、农民专业合作社等规模经营主体。"

正是 2008 年 10 月中共十七届三中全会精神和 2007 年生效的《中华人民共和国物权法》相结合,我国的农村土地承包经营权流转才迅速发展起来。也正是日渐活跃的农村土地承包经营权流转市场的建立和完善,才使以家庭承包经营为核心的农村基本经营制度不断趋于稳定。

必须认识到,在较长一段时间内,我国仍会以小规模经营农户为主,但土地流转形成的专业大户、家庭农场、农民专业合作社和农业企业(包括农业产业化龙头企业)等新型农业经营主体,将逐渐成为我国商品农产品生产的主体,成为我国农业现代化的主体。土地流转、新型农业经营主体的形成和发展提高了我国农业现代化水平。

4.农民专业合作社建设是农村基本经营制度稳定的核心

大力发展农民专业合作社是实现"两个转变"的中心环节,也是稳定农村基本经营制度的核心。根据农业部门的统计数据,截至 2013 年 9 月底,全国依法在工商行政管理部门登记的农民专业合作社达 91.1 万家。农民专业合作社涉及产业广,主要分布在种植和畜牧业；在服务内容上，从起步时的技术互助、信息传播，逐步扩展到资金、技术、劳动等多方面的合作；从生产领域逐步向生产、流通、加工一体化经营发展。实践证明，农民专业合作社的蓬勃发展，很好地发挥了"统"的功能，在很多地区有效地填补了县、乡、村三级组织"统"的功能发挥不够的空白，已经成为稳定农村基本经营制度的核心环节。

第二章　现代农业的微观经济组织

所谓农业的微观经济组织,指的是构成一个社会农业经济的基础经济组织。农业基础经济组织与生产力有着密切的联系。一方面,农业基础经济组织是农业生产关系的具体表现形式,会受到社会生产力水平的限制和约束,随着社会生产力的不断发展,农业基础经济组织也不断地演变着;另一方面,农业基础经济组织又会施以生产力巨大的影响。虽然,农业的微观经济组织在不断发展,在一定时期内,其组织形式又会呈现出多样化的特征,但是无论农业的微观经济组织怎么演变,它们都是朝着共同的发展趋势和要求而发展起来的。如今,社会分工已经如火如荼地发展起来,现代农业中的各种微观组织也必然要去适应商品化、专业化以及社会化的发展需求。

第一节　现代农业的产权结构

所谓产权结构,指的是各个类型的产权所组成在一起的产权框架及其比例。其中,产权类型的划分是根据财产的所有权和使用权归属来进行划分的,这里所有权和使用权归属相比,所有权归属占据核心内容位置。

一、产权与产权结构

(一)产权

要了解产权的含义,就必须先搞懂财产主体与财产的含义。

财产主体指的是生产要素所有者和使用者,财产指的是生产要素以及所产生出来的效益,而产权则是财产主体对于财产的一种权利,其实质是反映了人们在经济活动过程中围绕着财产而形成的一系列的经济权利关系。具体来讲,包括对于财产的所有权、使用权、处置权以及收益的分配权。

1.财产的所有权

财产的所有权,指的是对于财产来说,拥有独自占有的支配权利。所有权主体可以有权去使用与处置财产,并且当财产在使用的过程当中产生经济效益时,所有权主体也有权去享受拥有这些积极效益。但与此同时,在享有权力的同时,也必须去履行与权力相对等的责任与义务。

2.财产的使用权

财产的使用权指的对于财产,可以进行占有与使用的权利。在日常生活中,经常会出现诸如财产所有权与使用权分离开来的情况。如果财产没有独立的使用权的话,那么财产的使用者就无法树立起独立经营的地位。财产使用者在拥有某些财产的使用权之后,也就相应地拥有了对于财产的收益权和处置权。于是财产的收益权和处置权也就相应地在财产的所有者和使用者之间分割开来。财产的使用者不仅仅需要对财产所有者承担相应的责任与义务,而且对于整个大社会,也需要去承担相应的责任与义务,也就是说,获得财产使用权的人其实就是一个民事法律主体。而且,财产使用者也必须严格遵守相关法律或契约规定,让出自己的一部分权利给财产使用者,并且对于财产使用者去履行一定的责任和义务。

3.财产的收益权

财产的收益权则是指财产在进行一系列经济活动中,当财产产生收益时,财产所有者和使用者拥有可以对这些收益进行分割的权利。通常情况下,财产在适应使用过程中,会产生收益,而恰恰因为财产能够产生收益,所以古往今来,成为人们相互争夺的对象。无论是对于财产所有者来说,还是对于财产经营者来说,都拥有权力去获得财产产生的收益。所以,财产的收益权是一种连带产权权能,并和财产使用者以及使用权密切地联系起来的,并且附属于财产所有权和使用权。

4.财产的处置权

当财产在自己手里,我们可以对其进行处置,比如更新、转移、重组等其他行为。而财产的处置权,指的就是可以对财产进行这些除权性的权利。同收益权一样的道理,财产处置权也是一种连带产权。在各大经济活动中,经常要用到对于财产的处置权。究其原因是因为在市场经济条件下,财产不会平白无故地就产生收益,一般要通过市场,在市场中进行商品交换才能够形成财产收益,而且世界风云变幻,市场需求和供给结构也不断变化,机器、设备、技术等也就面临着需要更新、转移、重组,所以相应地也对财产提出了处置的问题。对于财产的处置权来说,只有所有者和使用者才能够掌握、拥有它。

综上所述,我们能够看出,财产权被赋予四种权能,分别是所有权、使用权、收益权和处置权。在这四种权利中,所有权和使用权是财产的主要权能;收益权和处置权则是财产的次要权能,它们是一种连带产权权能,也都附属于所有权和使用权。

(二)产权结构

正如前文所述,产权结构是根据财产的所有权和使用权归属划分开来的。目前,我国现代农业中的产权结构,根据所有权进行划分,主要有下面几方面的内容。

1.国有产权

国有产权,指的是生产资料归国家所拥有的一种产权类型,在社会主义公有制经济中占据重要位置,是社会主义公有制经济的重要组成部分。在我国农业中,国有产权主要是由两种形式构成,分别是:直接从事农业生产领域的国有农场、国有林场、国有牧场、国有渔场等;在某一个方面为农业服务的各个类型的农业企业和农业事业单位,其中有农场是最重要的内容以及形式。国有农场的土地、资产归国家所有。一般说来,国有农场规模比较大,也有着丰富的资源,科技装备水平也比较高,劳动生产率和商品率也是非常高的。自从 20 世纪 80 年代以来,国家大力针对国有农场的财务制度、人事制度和分配制度等其他制度,着手进行了很多改革,有效地推动了农场经济的全面快速发展。

2.集体产权

集体产权则指的是生产资料归集体所拥有的一种产权类型,也是社会主义公有制经济的组成部分。对于我国农村的集体产权来说,主要包含以下部分:社区性(村级)合作经济、专业性合作经济、乡镇集体企业等其他经济。

3.个体产权

个体产权则指的是生产资料要归个人所拥有,其中,基于个体劳动,产生的劳动成果归功于劳动个人,从而劳动者个人可以去享有、支配的一种产权类型。在我国农村,依然实行的是由农户家庭来承包经营的制度,其中在农业中,个体产权形式主要由三种类型构成:其一是承包经营土地等其他生产资料而产生的农户承包经济,这也是农业个体产权中最主要的类型;其二是农户可以有效地利用自己手里的资本、劳动力去从事诸如家庭家畜养殖、农副产品加工,以及商业等其他经营活动;其三是曾经归属于国有农场,现在从国有农场里分离开来的"职工家庭农场"。

4.私营产权

私营产权则指的是生产资料要归私人所拥有,基于雇佣劳动的一种产权类型。从事农业生产中,我国农业中的私营产权形式主要针对的是一些个体农户承包大范围的土地、水面,特别是一些大面积的荒山、荒岭、荒坡、荒滩、荒水,从事农业生产经营活动。因为生产范围很大,规模很大,所以往往需要大量的劳动力去从事、经营农业生产活动。

5. 联营产权

联营产权里的"联",指的是不同种类的所有制性质的经济主体之间一起投资,从而形成经济实体的一种产权类型。如今,在现代的农业生产过程中,联营产权主要是通过采用公司制的组织形式,包含诸如股份有限公司、有限责任公司等形式。

6. 其他产权

其他产权,顾名思义,则是指不属于以上任何类型的其他产权类型,我们见到的中外合资(合作)产权就是属于其他产权。

二、现代农业产权结构的基本特征

随着我国科学技术的迅猛发展,我国的现代农业生产力也在以极快的速度发展着。现代农业产权结构较之以往,发生了很大的变化。与那些传统农业阶段相比较,现代农业产权结构主要有以下几个基本特征。

(一)农业产权主体多元化

在现代农业生产中,从事生产资料的所有者以及使用者都归属于产权主体。对于生产资料所有者来说,存在着国有、集体所有、私有、联合所有等多种多样的形式并存。从生产资料使用者这个层面上来说,则包含自我经营者、向所有者租赁或者采取承包经营管理的独立法人、附属于所有者的组织或者个人。现代农业产权主体多元化,对于产权关系的调整、重新组合和灵活运转环节,很有帮助。

(二)农业产权关系明晰化

从事现代农业生产中,所有者与使用者之间,常常采取承包或租赁合同等其他形式,明确其责任、权力、利益之间的关系。在多个所有者中,不同的经济实体之间有着明确划分的财产边界。其实,即便是在集体或者联合体内部,各个不同的所有者之间也要凭借不同形式的财产所有权凭证,比如地产证、股权证、股票等凭证,明确划分其财产边界,这样做当然是有好处的。农业产权关系明晰化,可以有效地推动生产资料的合理使用,同时也可以促进财产的合理处置以及经营成果的有效分配。

(三)农业收益权实现多样化

在进行传统农业生产中,土地等生产资料的所有权,是享受拥有收益权的主要的凭据。但是,在现代农业生产中,因为生产资料所有权与使用权是分离开的,所有权可以享受拥有收益权,使用权在参与收益分配环节,也成了其重要的凭据。与此同时,在进行农业生产经营过程中,会依据劳动、资本、技术和管理等各个要素发挥出来的作用,而享受拥有相应份额的收益权。农业收益权实现样式的多样化也成了构建现代农业运行机制的重要基础和客观凭据。

(四)农业产权交易市场化

在农业生产经营过程中,现代农业生产资料,无论是进行所有权的让出,抑或是使用权的流转,都可以在产权市场下进行相互交易。在产权市场下,凭着公开、公平、公正的交易原则,不但能够保证交易主体享有正当的权益,而且也能够有力地促进农业生产资源的合理配置和有效利用。

第二节　现代农业的家庭经营

所谓农业家庭经营指的是以农民家庭作为一个相对独立的农业生产、经营单位，以家庭劳动力为主去从事的农业生产与经营活动，所以又称为农户经营或者是家庭农场经营。现代农业的家庭经营主体是农民家庭，主要采取的是家长制或户主制管理，像管理分层的内部治理这种情况是不存在的。它有力地强调通过使用家庭劳动力为主要方式，而不是采取雇工经营为主要的方式进行农业生产与经营。

一、家庭经营作为农业主要经营形式的理论分析

农业经营方式有很多种，在众多的经营方式中，采取家庭经营作为农业主要经营形式，如果进行理论分析的话，可以从以下几个方面进行阐述。

（一）农业的产业特点与农业家庭经营

在从事农业生产中，有生命力的动植物要有效地吸收阳光、空气、水分等养分才能生产出相应的动植物产品来。在这个过程当中，生物对于环境具有主动选择性，这一点与非生命动植物对于环境表现出来的机械式、被动式的反应不一样。机械式的、被动式的反应取决于外部环境提供的物质和能量，但是生物体表现出的反应则是受生物体内部的功能状况所决定的，并且自身就可以进行调控。随着我国科技的迅猛发展，人类既能够改变生物内部的构造，也有办法去改变生物所需要的外部环境。但是，无论时代如何变迁，人类都无法否定生命本身运动的特性，也没有办法去完全地更改生物所需要的外部环境，从而造成了农业生产有着以下两个特点。

其一，农产品的生长是一个连续不断的过程，各个环节之间有先后性，不会像生产工业产品那样有着并列性。因为，在工业生产过程中，生产出的产品没有生命，从投入材料到产品成型，人们都可以按照自己的意志去设计，程序可以变更，作业可以交叉进行，可以在多条流水线同时完成作业。而且劳动工具和劳动对象也能够集中在一起，能够在一个单位时间把更多的劳动力和生产资料集合在一起，从而生产出大量产品，进一步提高生产效率。但是，农业生产就不一样了，因为各种作物都有着自己的季节性和周期性，生长的每一个阶段中，都有着严格的间隔和时限区别，所以生物的生长只能由一个阶段通往另一个阶段连续不断地进行。

其二，从事农业生产活动中，农业有着严格不同的季节性和地域性，在生产时间与劳动时间上会出现错综复杂、不一致的情况，所以农业劳动支出也不具备平衡性。"橘生淮南则为橘，生于淮北则为枳"，各个农产品生产必须坚持因地制宜，不可按照个人的意愿随意更改生产地点。

近年来，我国的农业科技也在大力发展。其一，大规模地使用机器，更为先进的生产方式也逐渐引入农业中来，看起来农业生产也逐渐向工业靠拢，但事实却不是这样。虽然机器的使用使农业的生产效率更好，人们只需要很短的时间就可以从事农业生产环节，但是所有农业机器的使用都无法直接加速动植物的生长过程，更没有办法去改变其生长顺序。其二，各种新型化肥应运而生，进而有效地拓宽、延伸了农业利用自然力的空间，但即使这样，也无法改变生物的生长过程。其三，生物科技技术也迅速地发展起来，各种新型生物品种也被及时有效地发明出来，能够去改变生物发育的性能，但是这也同样需要去遵循生命生长过程的各个规律。所以，虽然我国农业科技在大力地发展着，但是它们都无法去更改农业生产的基本特性。

所以，农业劳动应该采取怎样的组织形式，这成为一个有争议的问题。采用雇佣劳动、集体劳动这样的组织形式会更容易在短时间内实现规模效率。但是,还需要考虑到内部激励和监督问题,因为一个组织如果缺乏了内部激励和监督,劳动成员会缺乏前进的动力,整个组织也会成为一盘散沙。解决激励问题,首先需要明确去计量劳动者劳动的质与量,并与后来的报酬联系在一起。但是在农业生产过程中,地域辽阔,自然条件也截然不同,也鲜有中间产品,所以劳动成果常常体现在最终产品上。这就意味着在农业劳动中,每一个劳动者在每时每刻、每个地方的劳动支出,对于最终产品的有效作用程度都很难去计量出来。所以,也只有将每一项劳动都与最终的劳动成果直接联系在一起,劳动者的生产积极性才能充分被激发出来,而这却只能在家庭经营的环境下,才能更好地做到。美国前农业部长弗里曼曾这样说道:"当劳动者的利益直接取决于他的工作时,便产生了刺激,这种刺激是大农场——不管是私有的、公有的、合作经营的还是国有的——所不能产生的。"①在从事农业生产中,由于农业自然环境的复杂多样性,人类无法对其控制,也就要求农业的经营管理方法要体现灵活性、及时性和具体性。至于生产决策、经营决策都要有效地做到因时、因地、因条件制宜,从而实现准、快、活。若要实现这些目的,就必须将农业生产经营管理中的决策权分给直接劳动生产者,也就是将劳动者和经营管理者结合在一起,进而取得更好的效益。从某种方面来说,无论是农业劳动,还是经营管理,它们都有着较强的分散性,取得的成果也有很大不同。农民所取得的劳动成果,在很大程度上要取决于各个农民在生产经营环节进行合理有效的安排,也取决于全程细心地作业和管理,更取决于对市场的准确预测。这些特点也都决定了家庭经营是从事农业生产中一种比较合适的组织形式。

　　当然,人们也会考虑到通过劳动力市场,让有潜在能力的劳动者与在职的劳动者形成竞争,解雇不合格的劳动者,让有潜力的劳动者来替代不合格、旧的劳动者,从而在农业雇佣劳动中能

---

　　①　中国乡村发现.家庭经营:实现我国农业现代化的基本模式[EB/OL]. http://www.zgxcfx.com/Article/20585.html

够更好地激励员工。但是，正如前文所述，计量和监督劳动是一个长久存在的根本难题，所以即使新的劳动者取代那些旧有的劳动者之后，仍然会涌现出类似问题。

（二）分工协作与农业家庭经营

工业的发展经历了很多过程，从简单协作到分工协作，然后再到机械化生产。所谓协作，指的是很多人在同样的生产过程中，抑或是虽然在不同的但是却有着互相联系的生产过程中，有组织、有计划地一起协同劳动。如果是劳动者之间没有固定分工的话，那么这样的协作就叫作简单协作；如果是劳动者之间存在比较固定的分工，那么这样的协作就叫作分工协作。分工协作有很多好处，能够使劳动者不断地积累经验，进一步改进劳动技能，从而有效地提高劳动强度；分工协作也可以促进生产工具的有效利用，从而进一步提高劳动生产率；分工协作也能够使劳动更加具有组织性，如连续性、划一性、规划性以及秩序性等。所以，工业中的分工协作有着种种好处，但是农业中的分工协作却并非如此，它并不是像在工业中那样快速发展，究其原因是因为这些是由农业生产自身所具有的性质所决定、限制的。

在工业的分工协作中，不同专长的劳动者汇聚在一起生产一种产品。在工业协作中，如果要生产一辆马车，需要用到车匠、锁匠、漆匠、描金匠来一起劳作，这些工匠们齐心协力完成一辆马车，从而有效地提高劳动生产率。可是，农业生产中却不是这样的，各个农业生产对象都有着自己的生长发育规律，从而也就决定了农业生产过程中分工协作不可能是复杂的。农作物生长有着特定的季节性、周期性、时间有序性，受到这些原因的影响，农业生产只能遵循自然界固有的时间，也就是在季节的限制约束下，依次进行各种作业。由于农业生产一般是在土地上进行的，不适合移动，不能像进行工业生产那样，汇集大量的生产条件，通过各种各样和大量作业同步进行生产产品。在农业生产过程中，同样一个时期的作业其生产过程比较单一，即使是不在同一个时期的作业,也能够通过同一劳动者连续完成。

在农业的分工协作中,把各有专长的劳动者汇集在一起,去生产同样的产品,所以农业的分工协作常常是简单协作。简单协作是在很多人的手里同时间一起完成同一个却无法分割的操作时是远远优于个人独立性劳动的,比如常见到的播种、抢收、抗灾以及修建水利设施等生产活动,通过分工协作,可以极大地缩短时间,不耽误农时,有效地提高丰收产量。但是如果超过这样的范围,效果却不理想,至多也不过是单个劳动者们力量的直接、机械式的总和。如果管理水平不高的话,效果还不及单个劳动者力量的总和。究其原因是因为这样不仅会加大监督成本,也很有可能会产生偷工减料行为,还有可能会造成窝工浪费的现象。所以,在具体实践中,农业中的分工协作,一定要具体分析,具体对待,不能不加分析地将工业中的协作方式生搬硬套到农业中。因为农业生产过程中的大部分作业不是像工业那样采取严格的条框限制,即使对于某些简单的协作也不能够产生非常明显的效果,所以农业生产过程中,不适合采取工厂化劳动,但是对于家庭经营的方式,却非常适合。

(三)农业技术进步与农业家庭经营

在农业生产过程中,一般来讲,所采取的农业技术分为两大类:其一机械技术类,包括各种各样的机械设备,能够使得生产过程更加机械化、自动化。其实,农业机械技术的本质在于用一部分物力去取代人和家畜的力量,有效地增大每一个劳动者所生产和经营的范围以及数量,从而在提高劳动生产率的基础之上,来增加经济效益。其二是生物、化学技术,主要包括种子、化肥、生长饲料、农药、生长激素等,这一类的技术本质在于直接改变生物本身,可以为动植物的有效生长提供良好的环境,在提高土地、农作物、动物的生产率的基础之上来增加经济效益。如果从研究和推广的角度进行分析的话,我们会很容易地发现,农业技术和工业技术是一样的,是在很多工作者一起协作的基础之上完成任务的。但是,两者所需的条件却是不同的。

1.大多数农业技术的运用能够由单个人完成

一般来讲,农业生物、化学技术能够由单个人来完成,即使像大多数的农业机械也依然能够由个人来操作。但是,工业技术却并非完全是这样,因为众多的机械设备需要多个个体或者是很多人齐心协力进行操作,否则就不能正常操作。农业机械能够由单个人操作来完成任务,究其主要原因是因为农业机械技术的极大进步。农业机械越来越小型化,可以很好提高社会劳动生产率,而且个体完全用得起。农业越来越机械化与农业生产本身的性质有着紧密的联系。农业机械不管如何变化,都要遵循生物生长的需要,尤其是对于种植业机械,作业不仅要遵循生物的生长规律,而且也需要在辽阔的田地里分散流动作业,可以穿行在作物之上。这些特点都决定了农业机械不会像工业机械一样去形成大型化的生产线,在从事农业生产中,也只有小型化的农业设备更方便,更有利于使用,更深受农户们的喜爱。

2.不同类型的农业技术关联性较小

如今,在从事农业生产中,地广人稀的国家会优先择取农业机械化技术,通过增大耕地范围,有效地实现农业总产量的增加;针对那些人多地少的国家,则会优先采取生物和化学技术,有效提高单产的同时,也进一步实现了农业总产量的增加。即使农业机械技术、生物和化学技术都对同一个植物产生作用,但是它们却不一定会同一时间进行使用。即使是对于农业机械技术来说,也有着比较小的关联性。在进行农业生产过程当中,可以采取在某一个作业流程里运用农业机械,在另外一个作业流程里不去采用农业设备。比如,在进行播种、收割和运输这些环节时,可以使用农业机械,在除草、施肥环节里可以不去使用农业设备。也就使得农业生物与化学技术运用彼此之间的关联性比较小,所以,不同类型的农业技术关联性也比较小。

3.许多农业技术的运用可以不受家庭经营规模的限制

虽然某些农业技术运用中,会有一些最低的作业规模要求,但是采取社会化服务体系能够攻克单个家庭经营规模的种种限制。也可以采取合作社或者专业公司凭借社会化服务,去完成一些农业技术运用的外部规模化经营、管理。比如说,农户们可以一起共买,或者一起共有,或者一起使用合作社或专业公司所销售、经营的大型播种机、大型收割机、大型种子机械,当然农民家庭也可以自我创新,去促进农业机械技术的不断进步。对于生物、化学技术来说,由于它们含有很强的可分性,一般不会受到农场经营规模的约束。

(四)家庭的社会经济特性与农业家庭经营

在从事农业生产的过程中,家庭成员之间在利益目标上,有着强烈的共鸣,从而大大地把农业家庭经营的管理成本降到最小化。也可以采取多种多样的激励措施,因为家庭并非是单纯的经济组织,也并非是纯粹的文化或者政治组织,去支撑整个家庭的存在,也绝不仅仅受限于经济利益这根纽带,而是有着诸如血缘、感情、心理、伦理和文化等众多的超经济的纽带。这根纽带在很多方面都会促使成员间有着强烈的整体目标和利益认同,也很自然地把其他家庭成员的要求、利益以及价值取向,内化为自己本身的要求、利益与价值取向。所以,在家庭中,不需要去依赖经济利益的驱动,就很容易保持自身的目标和利益与其他家庭成员的一致性。因为家庭里弥足珍贵的婚姻、血缘关系,能够使得家庭经营组织具有比较持续、长久的稳定性,上一辈对于下一辈的各个方面寄托所形成的继承机制,一般而言,能够使得家庭经营预期时间长,并能够为完成这种预期自发、自愿地进行协作。相比较于其他的经济组织,农业家庭经营有着与众不同的激励规则,使得家庭成员之间挥洒汗水,努力工作,不需要去精心计算劳动产量,也不需要用报酬去激励家庭成员。所以,一般情况下,农业的家庭经营不需要外在的监督，就可以自发地努力工作，使其具有很少的管理成本。

由于每个家庭成员有着性别、年龄、体质、技能等各方面的差别，也有利于实行分工协作的方式，从而有效地利用劳动力，当然也可以有效地实行家庭经营组织方式，进行家庭劳动者和其他劳动者之间的合理分工，无论是在时间上，还是在劳动力的充分利用方面，都能发挥出很好的水平。在以前的传统社会里讲究"男耕女织"，这个生产方式使得一个大家庭浓缩成了一个"小而全"的生产单位，在现代化农业生产中，这种分工协作的方式仍然存在着。在进行劳动安排时，平常闲暇时候可以一人为主，忙碌时全家一起上阵，必要情况下，还可能会雇佣一些人员。在农闲的时候，除了安排照顾的人员之外，其他家庭成员可以外出兼职工作，从而使得劳动时间被分割得十分细密。在琐碎的农业活动中，一些闲暇的、辅助性的劳动力也能够得到有效的利用。这在严格细密划分的企业组织机构里，一般很难做到，但是家庭的自然分工却能够很容易地做到，并满足农户的各种需求。

二、中国农业家庭承包经营

农业家庭承包经营，是在坚持土地等生产资料属于集体所有这样的前提之下，将土地承包给个体农户，从而有效地确立了家庭经营的主体性地位，与此同时也赋予农户拥有充分的生产经营自主权力。农户采取承包这样的方式，去承包集体的土地，所获得的是对本集体土地的使用权，也就是我们说的土地承包经营权。在进行土地承包经营时，农民针对所承包的土地，也就有了充分的经营自主权和收益权，农户们可以根据市场供应需求关系，选择那些效益比较好的农作物进行种植，也就有效地打破了过去那种传统的统一计划的经营模式。采取农业家庭承包经营方式，可以大大地激发农民的生产积极性，也有力地提高了中国的农业生产，同时农民的生活水平也得到了很大的改善。

(一)农业家庭承包经营体制的产生

种种实践表明,实行"队为基础,三级所有"这样的农村人民公社制度给中国现代农业生产力的发展带来了严重的影响。在这样的制度里,农民无法拥有经营自主权,市场也不能有效地发挥出配置资源的基础性作用,所以农业不但无法满足社会经济发展的需求,就连农民们自身的生存问题都无法解决。20 世纪 80年代初,武陵山区的恩施、湘西等地仍有几百万人生活在衣不遮体、食不果腹、房不避风雨的贫困线上,贫困发生率在 60% 以上。① 所以,我们可以充分地看出来,20 世纪 80 年代初,中国的大多数农民处于绝对的贫困状态下,连生存都是个问题,更不用说富裕了。基于这样的情况,农民被迫进行了当时的政治制度环境下所不准许的农业微观经济体制改革,总结下来,有以下三个阶段:

1. 家庭承包经营的萌发阶段

1978 年秋到 1980 年 9 月这段时间是非常重要的几年,因为家庭承包经营的萌发阶段就是在这几年发生的。其中,在各个地区中,在 1978 年的秋季,秋高气爽,掀起了风风火火的中国农业体制改革的序幕。这之后举行了一系列的会议,其中 1978 年底,成功地召开中国共产党十一届三中全会。1979 年 9 月顺利地召开十一届四中全会,大会上主要是针对生产责任制究竟是好还是坏的问题,迅速展开了两种声音的激烈争论:赞成和反对。虽然颁布的理论存在模糊性,政策也没有明确性,但是却丝毫不影响家庭承包经营的推进。截至 1980 年 3 月,全国实行包工责任制的核算单位占全国生产队总数的 55.7%,包产到组的占 28%,其余是实行包产到户和包干到户的生产队或是未实行生产责任制

---

① 恩施州农业信息网. 镌刻在大山上的铿锵承诺——农业部定点扶贫恩施、湘西三十年纪实[EB/OL]. http://www.hbesagri.gov.cn/2016/0328/200976.shtml

的生产队。①

2.家庭承包经营的全面发展阶段

从 1980 年 9 月截至 1981 年底的这一段时间,也是非常重要的阶段,因为这一阶段是家庭承包经营整个过程中的一个全面发展阶段。在 1980 年 9 月份的一天,中共中央推出了第 75 号文件,该文件标题是《关于进一步加强农业生产责任制的几个问题》,这个文件也是非常重要的,其中包含着一系列由中共中央所召开的省、市、自治区里最高领导人座谈会的十分重要的会议内容记录,其中针对包产到户问题这样指出,在交通闭塞和贫穷落后的地区……群体对于集体没有任何信心,所以应该秉持全心全意为人们服务的精神,这样不仅可以顺利包产到组,也可以成功包产到户。在一些普普通通的地方,如果一些群众不积极响应实行包产到户这一号召,且不愿意做出任何改变,那么该政策应当一往无前地开展下去。所以,在全国各个地方,一场如火如荼的影响深远的变革就这样以多种形式并存的联产责任制横扫千军万马,大力在群众中响应并实行开来。各种生产责任制迅速推开,到 1981 年 10 月,全国农村基本核算单位中,建立各种形式生产责任制的已占 97.8%,其中包产到户、包干到户的占到 50%。②

3.家庭承包经营的确定阶段

从 1982 年春季,截至 1984 年初的这一段时间里,同样进入了一个非常重要的阶段,也就是家庭承包经营的确定阶段。在 1982 年 1 月的一天里,中共中央推出了经由全国农村工作会议达成一致意见顺利通过的重要文件《全国农业工作会议纪要》。在

---

① 中国网.创新轨迹一.1978—2005 年中国农村政策的发展历程[EB/OL]. http://www. china. com. cn/aboutchina/zhuanti/hxsh/2008-04/21/content _ 14989929. htm

② 凤凰网.中国农村土地制度变迁 60 年回眸与前瞻[EB/OL]. http://news. ifeng. com/history/zhongguoxiandaishi/special/huiguzhonggongtudizhidu/detail _ 2013 _ 10/23/30596260_0. shtml

这个重要的文件里,曾经这样讲到,当前情况下,存在着很多种责任制并存的制度,不仅包含包产到户,而且也包含包干到组。不管哪一种责任制并存的制度,它们都是存在于社会主义集体经济条件下的生产责任制。很多政策对此制度给予大力肯定,效果是显而易见的,截至 1982 年末,包产到户、包干到户制度所占联产责任制的比值已经非常高,达到了 78.7%。

在 1983 年冬季,中共中央又推出了非常重要的文件《当前农村经济政策的若干问题》。在这个重要文件里进一步对包产到户责任制给予大力肯定,与此同时也提及人民公社体制存在着一些不足,要对其进行一场改革。在 1983 年秋季的一天,中共中央又推出了非常重要的文件《关于实行政社分开建立乡政府的通知》。根据有关数据进行统计,截至 1982 年 11 月份,全国范围内进行联产承包制的生产队已经占据非常高的比例,比例达到 92.3%,在这其中包产到户、包干到户的生产队所占据的比例也非常高,达到 78.8%;截至 1983 年,开展联产承包制的生产队已经非常壮大,所占据生产队总数的比值高达 99.5%,在这其中,包干到户所占据的比例高达 97.8%。1983 年 10 月,中共中央、国务院又发出通知:随着农村经济体制的改革,现行农村政社合一的体制显得很不适应,当前的首要任务是把政社分开,建立乡政府。1984 年底,各地政社分设的改革工作最终完成,人民公社旧体制终结了。[①]

在 1992 年,中国已经顺利通过一系列文件,并提及建立一个非常重要的体制:社会主义市场经济体制。在 1993 年的一天,《中华人民共和国农业法》顺利被颁布出来,这不仅仅在范围的范畴上对于农业家庭承包经营给予正面肯定,而且在同一年里,也将农业家庭承包经营制度写入了宪法里面,也就是在农村,所组成的集体经济组织要采取一种新型的经营体制方式,即基于家庭承包,统分有效结合起来的双层经营体制。据有关数据统计,自

---

① 中国共产党历史网.改革开放以来邓小平对发展我国农村经济的探索创新及启示[EB/OL].http://www.zgdsw.org.cn/n/2014/0512/c375621-25005721.html

实行到 1999 年末,全国范围内除了有一轮的承包还没有完全顺利到期之外,其余的全部顺利实现了承包工作。而且这样规定:家庭承包经营期限要确保至少每隔 30 年要进行一次更改。在 2002 年的一天,全国人大常委顺利推出了重要法规:农村土地承包法。该法规针对农业家庭承包经营过程中所涉及的一系列问题,比如农民、田地的很多问题,分别给出了清晰明了的法律法规规定。

(二)农业家庭承包经营所取得的绩效

农业家庭承包经营制度是一项非常重要的制度,是中国进行的一次伟大创举,该创举不仅大大地增加了农业的产量,使得农业出现了"黄金时期",而且在如此短的时间里,上亿人口的生存、温饱问题得到了有力地解决。所以,农业家庭承包经营有着收益农民的同时,也有着很大绩效。可是,要准确地测算农业家庭承包经营制度到底产生多少效益是十分困难的。因为农业家庭承包经营制度在具体实施过程当中要受到很多其他制度的影响,而且我国科技水平的不断进步也发挥了很大的作用,要将科技水平不断进步的贡献与农业家庭承包经营制度的贡献分开也是十分困难的。具体来说,中国农业在实行家庭承包经营制度时,所取得的绩效主要有以下两点。

1.激励功能增强

在实行家庭承包经营制度时,农户拥有独立的产权主体和利益主体,在达到所规定的承包任务或者在遵循国家所颁布的相关法律法规的情况下,拥有全部的剩余索取权以及相应的处置权,因为法律法规也规定农户可以允许拥有除土地之外的资产的私有产权,所以大大地增加了产权的排他性。退一步讲,即使是存在家庭内容成员之间的"搭便车"问题,因为这里成员规模极大地减少,也就极大地增强了激励功能。最后的结果便是,在家庭责任制下的劳动者有着最高的激励效果,这不仅仅是由于他努力的付出都得到了应有的回报,而且他们也极大地降低了监督的费用。相比较生产队制度,家庭承包制是一次大大的创新,究其原因是因为大大地节约了"评工记分、统一分配"所需要的费用,而且从某种程度上来说,也有效地避免了由于劳动努力程度降低所导致的各种产出损失以及对于集体资产滥用、浪费的情况的发生。

2. 资源配置效率的提高

在农业家庭承包经营制度下,农民不仅获得了比较独立的经营自主权,而且也有着很强的激励功能,从而使得农业资源的配置效率大大地提高,生产可能性边界向右转移。农民可以立足于自己的利益,根据相对价格信号来及时有效地调整资源配置,从而达到收益的最大化,但是在之前的人民公社时期,由于各种资源配置是由那些生产队长、大队长甚至公社书记做出的,也因为这种决策无法把责任与利益建立直接的对等关系,所以资源配置效率十分低下。

三、农业家庭承包经营的障碍

虽然家庭承包经营已经作为法律的形式确定并实行了下来,并取得了很大的绩效,也给农民的生活水平带来了很大的提高,但是家庭承包经营过程也并非是一帆风顺的。虽然我国的经济在突飞猛进地快速发展着,但是家庭承包经营也会不可避免地要遇到形形色色的障碍,总结下来,主要表现在以下几个方面。

(一)产权障碍

农业家庭承包经营制度开展了很久,但有很多人并未对其实质有清晰的了解。其实,该制度的实质不过是将集体土地的所有权与另一种权利——使用权分离出来,另外集体土地的所有权并不做出改变,同时农民也能够得到土地的使用权,这归根结底是因为中国的农业已经在风风雨雨中赢得一系列傲人成绩的缘故。既然农民已经拥有土地的使用权，那么也一定可以卓而有效地根据市场供求情况以及所管辖的土地的实际情况，具体分析，来安排农业生产，这些在理论上完全不构成任何问题，但是事实却远非如此。因为长期以来，人们仍然会不可避免地容易受到传统计划经济思想的约束，乡村干部依然会受到物欲横流的社会中经济以及政绩的诱惑与驱动。同时，又因为广大人民群众法律法规观念也不健全，甚至薄如蝉翼，所以经常会导致不利于农民的事情发生。比如农民的经营自主权无法得到保障，容易受到外界各种力量的冒犯。在某些乡村地方，也常常会发生农民的使用权不能得到保障，所以农民无论是在经营自主权还是在使用权方面都存在诸多不稳定的情况。甚至在农业生产与投资领域里，也会产生经营时间短，以及相互掠夺的情况。

（二）规模障碍

中国在实行家庭承包经营制度的过程中，也遇到过规模障碍的问题。该制度本应该在秉承公平优先、兼顾效率的原则之下顺利进行，并确保每个耕耘者都有田地可分配，至于承包到多少土地是要综合考虑劳动力多少的问题，也要考虑到人口劳动力分配的比例，使得分配的土地都是公平的。很显然，这里存在很多的生活保障色彩，于是不可避免地出现一个大问题：每一个农户所具体承包到的土地大小不一，尤其是面积小的占大多数，而且块数也十分多，这种情况十分不利于农户进行农业生产和经营。中国在 1984 年，农业家庭承包经营制度普及开来，农村劳均耕地面积约为 0.3 公顷，人均只有约 0.1 公顷土地。[①] 人与土地之间的关系再也不是轻松、松弛的状况，而是极其紧张的状况。对于每一个农民来说，土地有着非常重大的意义，他们可以凭此来确保生存，所以每次土地因为劳动力多少或者是人口劳动力比例出现

---

① 人们论坛网.温铁军：土地制度改革与农民利益问题［EB/OL］. http://theory. rmlt. com. cn/2012/0928/49766. shtm

变动时,自然会不可避免地引起重新分配土地的强烈渴望与诉求。虽然,国家颁布的一系列政策里面,在土地承包期限里,确定30年保持不变,但是在具体实践中,往往会面临土地重新分配、调整的情况。造成耕地平均化、细碎化,规模经营难以形成。在农村的一些经济欠发达的地方,推行耕者有其田的政策可以带动农村经济不断向前发展。但是,随着我国经济突飞猛进的发展,很多发达地方存在劳动力过剩,已经不再从事农业生产,纷纷进入到二、三产业里,已经具备了去实行规模经营这样的条件,但是由于存在着种种因素的制约,诸如法律法规不超前、土地市场情况不容乐观,农村社会保障制度急需大力改进、完善等,导致中国要实现公平、稳定、块数既大又多的农业经营规模,仍然有很长的一段路要走。

(三)产业与市场障碍

如今,农产品已经快速地朝向商品化的方向发展,但是在农业经营过程中也会不可避免地出现有关市场与市场障碍的问题,归纳起来可分为两方面。

其一,在日益激烈的竞争中,相比较那些农业产前、产后部门,农户在商场上处于弱势地位。由于农户所管辖、经营的土地块数既小又零散,所以会出现所了解、掌握的市场信息不全面、不正确,无论是与农业产前部门所了解、掌握的信息进行比较,还是与农业产后部门所了解、掌握的信息进行比较,在品质、数量上都存在信息不对称的情况。所以,农产品在进行市场交换环节时,农民们常常处于弱势地位,辛苦的时间长但获利却少,而农业产前部门、产后部门则往往处在优势地位。进而导致农民在市场竞争中,没有处在优势地位。

其二,农民们在进行市场交换环节时,也往往存在错乱无序、不正当竞争的情况。这是因为农户们自我组织、约束能力差,且很多经济组织体现不出为农民谋利的思想,农户们在市场上独当一面,不仅市场交易成本很高,而且会出现农户与农户之间互相砍价的情况。

（四）管理障碍

农业在家庭承包经营时，虽然管理效率以及经济效率都提高了很大层次，但是在经营管理方面，许多家庭内部依然实行的是家长责任制，各个家庭成员有着不同的年龄，而且极易受到血浓于水的亲情纽带驱动，每个家庭成员会没有任何抵制地服从于家长的管理制度。所以在通常情况下，农业家庭承包经营最终的决定权实质是掌握在家长手里，而且各个家庭成员很少会在利益分配上产生分歧，而且会秉持利于他人的原则，不去考虑个人的利益，所以在具体实践中，会实行按需分配的原则。父母是孩子的最好老师，家长的管理水平高，常常会出现家庭经营管理水平高。但是，现在很多家庭中，越来越多的男劳动力尤其是年轻、健壮的男劳动力，选择背井离乡、外出打工，进而在劳动力分配方面，导致少龄化、女性化、老年化现象十分严重，进而严重地阻碍了农业家庭承包经营的管理水平。

四、农业家庭承包经营的进一步发展与完善

世界上没有完美无缺的事情，农业家庭承包经营也是如此。它有着众多的优点，也存在着某些弊端，这一点不容置疑。随着我国信息科技的不断发展，农业家庭承包经营也会进一步发展与完善，具体表现为以下两点。

（一）稳定农业家庭承包经营，准确地处理农地产权关系，在有条件的地区有效地促进农业规模经营的形成

国家法律法规已经对农业家庭承包经营，尤其是对土地承包问题给出了十分明确的规定，只有在遵循相关法律法规的基础上去进行家庭承包经营，才能有效地使现代农业微观经济组织发挥出更大的作用来。种种历史实践已经表明，家庭承包经营在农业

中具有朝气蓬勃的生命力,应该坚定不移去推行。依法让农民从事家庭承包经营,不让那些以个人主观偏好去影响家庭承包经营的情况发生。农业家庭承包经营中,最核心的问题是农民、土地产权关系的处理,正确地贯彻和实行农村土地承包,不仅可以有效地维护农民的经营自主权,进一步稳定农业家庭承包经营,而且也有力地促进了农地二级市场的建立,也极大地促进了农民土地的有序流转,进而推动农业规模经营的形成,从而使得我国有着越来越高的农业国际竞争力。在某些经济发达地区,农业已经具备了去实行规模经营的条件。这也就需要当地政府针对本地经济发展的具体情况,有效地制定出适合于本地的政策法规,通过农民土地的依法流转,有效地推动本地农业规模经营的形成。

(二)农业家庭承包经营组织化特别是产业关联程度的提升

如今,我国的农业现代化水平越来越高,农业的社会化分工也越来越精细,产业关联程度也会朝着越来越强的方向发展。以新制度经济学层次来看的话,当市场经济发展到某一程度,市场主体之间的关系也就不能纯粹地依赖交易来进行维持,社会经济的快速发展产生了需要用非市场组织取代市场交易的需求。为了有效地解决农业家庭承包经营所遇到的分散性、不经济性,同时也为了满足社会不断增长的对于农产品的需求,也需要在大力支持基于家庭承包经营制度上,根据合同制、专业合作经济组织以及一体化经营等各种形式来不断地加强农户的组织化,尤其是产业关联程度。

第三节　农业产业化经营

该组织起源于 20 世纪 90 年代初。对于究竟什么是农业产业化经营这样的问题,曾在国内农业经济学界引起了很大的争议。发展到 21 世纪的今天,人们已基本达成了共识,就是农业产业化经营是以市场为导向,以农户经营为基础,以"龙头"组织为依托,以经济效益为中心,以系列化服务为手段,通过实行种养加、产供销、农工商一体化经营,将农业再生产过程中的产前、产中、产后诸多环节联合在一起,形成一个完整的产业系统,也是引领分散的农户小生产转变为社会背景下的大生产的组织形式,通过多个参与主体在资源的原则下,组合而成的经济利益共同体,也是市场农业的一个很基本的经营方式。

一、农业产业化经营的特征

在中国,农业产业化经营的基本组织形式有三种,分别是:农产品市场+农户、农业龙头企业+农户以及完全一体化经营。①农业产业化经营有着四大特征,分别是:

(一)生产专业化

所谓生产专业化,主要是紧紧围绕着主导产品或支柱产业从事专业化生产,农业生产过程中的产前、产中、产后环节通过一个系统来有效地运行,从而实现每个环节的专业化都能顺利地与产业一体化有效协同、结合起来。等农业商品经济逐渐发展到一定程度、到达一定阶段时,农业生产专业化也就产生了。如果从农业分工与协作原理进行分析的话,可以看到农业专业化是形成农业产业化经营的一个非常重要的原因;如果从实践经验角度进行分析的话,可以看出农业生产专业化也是农业产业化经营的一个主要的特征之一。随着农业生产专业化的不断发展,在农业生产专业化的不断推动下所形成的一系列区域经济、支柱产业群、农产品商品基地等,也成功地为农业产业化经营打下了坚固的基础。

---

① 完全一体化是指把农业生产本身和与之相应的农产品的加工、运销过程的若干环节和功能的实现通过产权连接或直接内生纳入到一个统一的利益主体内,该经营体实行统一核算,形成完全的一体化经营。

（二）企业规模化

农业生产专业化的效率能够有效地通过大生产的优越性体现出来，由于农业生产经营规模的不断扩大，极大地方便了去采用先进的农业科学技术，也大大地节约了农业生产成本，同时也为农产品的成批大量地生产、加工、销售环节奠定了很好的基础。从表面上看，企业规模化是扩大、拓展、延伸生产经营规模的意义，但是企业规模化更重要的意义在于从事农产品生产、加工和销售的农户和企业之间在生产要素的组成比例方面达成匹配，极大地节约了生产要素，有效地为农业产业化顺利经营创造了条件。

（三）经营一体化

所谓经营一体化，指的是多种形式联合在一起，形成了市场牵引龙头、龙头带领基地、基地又与农户联合在一起的贸工农一体化经营体制，从而呈现出外部经济内部化的状况，有效地节约了交易成本，极大地提高了农业的比较利益。在具体实践中，有各种形式的经营一体化，比如常见的生产销售一体化、生产加工销售一体化以及资产经营一体化。

（四）服务社会化

通常情况下，服务社会化，体现出通过合同稳固内部一系列非市场安排，不管是对于公司来说还是对于合作社来说，农业产业化服务都是在朝向规范化、综合化的方向发展着，也就是有效地将产前、产中和产后各个不同的环节服务统一在一起，以此所形成的综合性生产经营服务体系，其中农业生产者一般情况下只需去从事一项或者几项农业生产作业，而其他项工作则是通过综合性生产经营服务体系来完成，从而极大地提高了农业的微观效益以及宏观效益。

二、农业产业化经营产生与发展的原因

随着现代农业技术的不断进步与发展,农业也逐渐采用合同制和一体化经营的方式,有效地提高了农业生产的专业化、企业化、规模化以及社会化水平,也就是形成了我们所说的农业产业化经营。农业产业化经营产生与发展的原因主要体现在以下几大方面:

(一)适应消费者对食品消费需求变化的需要

随着我国社会经济的不断发展,我国的社会人口结构也出现了诸多的变化,越来越多的妇女加入到工作的队伍中来,不论是对于男性还是对于女性,他们在外工作的时间也越来越长,人们生活、工作的节奏也越来越快,对于便利食品和快餐、已加工食品的需求也越来越高,有力地促进了中国食品加工业的发展。但是,一般情况下,由于食品加工业经营管理规模比较大,为了有效地保障农产品等其他加工原料源源不断、稳定地供应,又需要企业与农产品的生产者建立一种稳定的联系。与此同时,近几年来随着人们生活水平的不断提高,人们对于生活质量尤其是对于食物质量提出了日益剧增的要求,消费者越来越多地在意食品的品质和质量安全,对于食物也提出了诸如新鲜、低能量、低脂肪等越来越多的其他要求,进而要求所消费的食品质量安全是得到保障的。这也就对食品加工企业提出了更多的要求:要求其务必要有专门的农产品原料生产基地,与此同时对于农产品整个生产过程也要有效地做到监督、控制。要完成这些要求,必须要不断地提高农业的组织化程度,并整理融合农业的相关产业链条。这些都极大地提高了农业产业化经营水平。

(二)缓解农产品生产季节性和消费常年性矛盾的需要

由于农产品生产周期一般比较长,农产品在生产过程中不仅

有明显的季节性,而且生产期间还具有新鲜易腐性。但是我们需要一年四季地消费农产品,且需要价格不能上下变动太大。为了有效缓解农产品生产季节性和消费常年性的矛盾,就务必要通过一系列措施,比如农产品的储藏、加工、运销,使农产品的保质期有所延长,从而也方便了长距离运输。农产品生产季节性和消费常年性这一根本性矛盾是经营管理农业过程中,农业产业化产生与发展起来的内在和根本原因。

(三)降低经营风险的需要

伴随着农户经营规模的不断扩大,农户专业化水平的不断提高,不仅要亲历自然风险,而且要亲历更大的市场价格波动风险。总结下来,农业龙头企业亲历了三类风险,分别是:其一,处于中间环节的投入品的农产品和生产出来的已成品在市场上的价格波动风险;其二,处于中间环节的投入品的农产品因为数量不稳定从而引起的农业设备利用率低的风险;其三,因为没有安全保障的食品对人类造成的健康危害以及在产品生产加工的各个环节中对于水体、空气和土壤等造成的一系列污染所面临的被惩罚风险。这些都有力地说明了,无论是对于农业还是农业企业,他们都面临着巨大的风险,降低经营风险这一共同期望会不断推动他们向稳定的交易或合作关系的方向发展。

(四)降低市场交易费用的需要

无论是从流通环节还是从农户与市场的关系进行分析,无论是对于购买产前的生产资料,还是对于销售产后的产品来说,仅仅依靠农户自己去交涉的话,交易的费用是非常高的。农户们在购买种子、饲料、农药等生产资料时,关于质量方面的信息会非常明显地偏袒于供给者这一方,农户没有影响供给的能力,导致他们常常只能无可奈何地接受价格。从农产品销售方面来说,农户仍然处在被动、不利的地位,面对眼花缭乱的市场,农户有着不强的预见能力和信息收集能力,所以常常会就近选择那些离自己比较近的市场，并只能去接受购买者各种约束、限制。无论是在生产资料购买环节，还是在生产资料销售环节，农户都处在不利地位，所以农户需要为此付出高额的交易费用，进而导致交易费用极高，难以继续进行下去，出现"市场失灵"。而对农业龙头企业进行分析，交易费用的节约主要体现在降低种子、饲料销售和农产品等各个方面的购买，以及在寻找、评价、质量检测和签署有关契约等方面的费用。自从农业产业化经营组织建立起来，农户和农业龙头企业都能够大大地降低交易费用。

（五）解决农产品质量信息不对称的需要

在农产品的各个加工环节中，针对农产品的质量，因为农产品的供应者和加工者提供的信息存在不对称的情况，而加工者又无法全面了解其质量信息，所以如果想要清楚地掌握这些质量信息，就需要付出相当高的检测成本。如果农产品的供应者和加工者仅仅是在市场上进行贸易往来，那么加工者也很难得到符合质量要求的农产品。有效地采取合同或一体化方式，能够在某种程度上完成对于农产品及其生产环节的监督和控制，从而有助于凭借较低的成本就能够得到符合加工质量所要求的农产品。

第三章　现代农业的生产要素

现代农业的建设是一个十分复杂的系统工程，它需要各类生产要素提供支撑。现代农业生产要素包括很多内容，包括农业自然资源、劳动力资源、农业资金、农业科技进步和农业信息资源。

第一节　农业自然资源

农业自然资源是指存在于自然界中的可用于农业生产的资源和能量，包括气象要素、水、土地、生物等，农业自然资源是开展农业生产经营活动的基础。本节主要对土地资源和水资源进行分析。

一、农业自然资源的概念

农业自然资源是指在自然界中可以用于农业生产的物质及能量，还有那些为农业生产提供保障的自然条件。农业自然资源与农业自然条件是两个不同的概念。农业自然条件包括地形地貌、气候条件、地理位置等，是指一种对农业生产发展的可能和限制。

农业自然资源的种类和范围并不是一直固定的，随着科技的发展和进步，越来越多曾经不能被人类开发利用的自然资源成了可以利用的农业自然资源，农业自然资源越来越丰富，人类可以利用的自然物质和能量越来越多。

人类通过各种手段将自然界中的物质和能量进行转化,得到人类需要的物质产品,这个过程就是农业生产活动。利用生物的生理功能把自然界的物质和能量转化为人类所需要的物质产品,因此,自然资源在农业中起着特殊的作用。自然资源的状况及其利用情况,不仅影响农业中社会经济资源的利用效果,影响农业生产的成果,而且影响农业生态环境,关系农业的可持续发展。

二、农业土地资源

(一)农业土地资源的作用

用于农业生产的土地的数量和质量的总称就是农业土地资源,这其中包括已经开发使用的部分和还未开发的部分,例如耕地资源、草地资源、荒地资源、林地资源等。

土地资源对于农业生产具有十分重要的意义和作用。

1.农业生产必须在大面积的土地上进行

一般情况下,工业生产会将土地当作人们进行作业或是生产的场所,相对需要的面积会比较少。在农业生产活动中,农作物在利用太阳能时,栽培面积是一个十分重要的影响因素,所以农业生产相较于其他生产部门需要使用更多的土地以实现生产目标。一个国家或地区的土地面积在很大程度上可以决定这些地域范围内的农业生产规模。

2.土地具有对农作物生长发育的培育能力

农业生产部门与其他生产部门不同,土地起到了培育农作物生长发育的作用。因为对于农作物而言,土地的性质对其生长发育有很重要的作用。土地质量是决定农业生产成果的重要因素。

可以看出,土地资源对农业生产起到了直接的影响作用,所以土地是农业的基本生产资料。农业生产的发展是离不开土地的,需要对土地资源进行科学合理的开发和利用。

(二)农业土地资源的特点

1.数量有限,不可替代

土地属于自然资源,人类的生产活动并不能创造土地。通过人类活动,可以对土地资源进行开发和利用,是一种改良,却不能创造出新的土地。随着社会工业化和城市化的不断发展和深入,非农用地的面积不断扩大,这就使农业土地资源持续减少。而农业生产中的其他生产资料并不会出现这种情况,它们可以通过人类活动而增加,例如农用工具、机械等。而且,随着科学技术的不断发展,这些生产资料还可以进一步改革和更新,并可以相互取代。例如传统的农业用具可以用现代化、自动化的农用工具代替,但是土地资源却不可以被其他资源替代,它在农业生产活动中不只是充当生产场所和地点的角色,还要为农作物的生长发育提供营养,土地肥力在很大程度上影响着农作物生长和农业生产成果。土地对于农业生产来说是必不可少的珍贵资源,所以发展农业生产必须重视对土地资源的充分、合理利用,提高土地的利用率和生产率。

2.位置固定,不能移动

土地是固定不变的,并且不可以被移动,所以只能在固定的空间内进行土地资源的利用和开发。其他生产资料可以在不同的场合使用,并且根据实际的需要情况进行资源的转移。正因为土地的这个特点,对土地进行开发和利用时总是会联系自然条件,因为其会受到自然条件的制约。所以科学合理地利用土地资源发展农业生产,必须根据土地资源本身的特点进行安排,将土地所处空间的气候、地形、水利、土壤等条件充分纳入考虑,以此安排生产部门和作物种类;按照当前的需要,在可行性范围内改造自然条件,提高土地资源的培育能力;其他生产资料也需要按照因地制宜的原则进行改造,要在符合当地耕作制度下进行利用。

3.能永续利用,土壤肥力可以提高

农业生产中的其他生产资料与土地不同,它们都具有使用期限。例如机械设备会在使用过程中造成磨损,在一段时间的使用后便会失去效用而报废;肥料在使用后就会产生效力,当其被充分吸收后便会失去效用。土地资源与这些生产资料不同,它是可以被永久利用的,并且随着科学技术的不断发展,以及人们对土地资源的愈加了解和掌握,土地肥力会有所提高。土地肥力包括由各种成土因素综合影响形成的自然肥力,以及通过人工劳动改造而形成的人工肥力。自然肥力与人工肥力相结合形成潜在肥力,随着科学技术的不断提高,土地的潜在肥力会不断提高,并且可以转化为经济肥力供农作物直接利用。因此,想要永续利用土地,就需要对土地在利用的同时进行保护。正因为土地可以被永续利用,社会对农产品日益增长的需求和有限的土地资源之间的矛盾有可能得以解决。

4.土地生产力具有差异性

土地生产力是指土地资源生产农产品的能力,不同的土地具有的生产力并不相同,这是指在投入相同的活劳动和物化劳动所得到的农产品产出并不相同。造成土地具有生产力差异的原因主要有两个。第一,位于不同区位的土地所拥有的自然肥力并不相同;第二,人类活动会对土地造成影响,导致不同土地间的生产力差异。土地生产力的不同决定了土地经济价值和利用方向的不同,同时也决定了社会为解决农产品的产需矛盾,对于劣等地也必须加以利用,在为农产品进行定价时必须由劣等地生产条件下的农产品的价值来决定。

（三）我国农地资源的状况

1. 农地资源总量丰富，但人均占有量水平低

我国的国土面积大，是土地资源十分丰富的国家，农地资源总量也较为丰富。但是我国的人口规模大，这就导致我国的人均农地资源数量少。我国的人均耕地、林地、草场面积均没有达到世界的平均水平。

2. 耕地后备资源贫乏

我国的农垦历史十分悠久，所以我国已被开发的宜耕土地占比很大，导致我国还未开发的宜耕土地面积并没有很多，被剩下的土地大多都是不宜耕种的。据相关资料统计，我国可开垦的宜农荒地资源仅为 1 亿亩，并且这些土地大多数都位于边疆地区，开发难度很大。

3. 大部分地区土地资源质量不高

我国的地貌特征属于山地多、平地少的类型，在我国国土范围内，山地、高原、盆地、平原和丘陵分别所占比例为 33％、26％、19％、12％和 10％。而且，我国的干旱区和高寒区面积比较大，这些地区的土地难以被开发利用。在全国范围内，可以用于农、林、牧业使用的土地资源低于 70％，其中只有大约 13％的土地资源为宜耕地资源。我国大部分耕地土壤的有机质含量低，土壤耕作层薄。天然草地大多分布于干旱、半干旱地区，这就导致产草量比较低。

4. 农地资源分布不平衡，地区间土地生产力差异显著

按照气候、土壤、地形等条件进行综合考虑，可以将我国大致划分为东南部湿润半湿润季风区、西北部干旱半干旱内陆地区、西南部青藏高原区三大区域。其中东南部季风区占了我国国土面积的 45％,我国 95％的人口集中在该区域,90％的耕地也集中在该区域,该区域是我国重要的农区、林区和畜区。西北部内陆地区占国土面积的 30％,但在该地区只生活着 4％的人口,其耕地面积只占全国总耕地面积的 10％,该地区的农业生产条件差,并不利于进行农业生产。西南部青藏高原区占国土面积的 25％,在该地区内只生活着不足人口总数 1％的人,耕地面积也不足总耕地面积的 1％,农业生产条件极差。

三、农业水资源

(一)水资源的特点

1.水资源可以自然补充、重复利用

水资源的利用是一个循环的过程,水资源在自然蒸发、植物吸收、人类利用等消耗后,可以通过降水等方式回到自然中,实现水资源的循环补充。若一个地区的地质、植被、大气等方面的情况不发生变化,该地区的水资源总量只会出现一定程度的波动,而不会发生枯竭的现象,这就是因为水资源可以进行自然补充、重复利用。

2.水资源只能以其自然状态利用

化石能源等矿产资源是可以经过人类加工进行利用的,可以通过人工提炼对其体积进行浓缩、提高其经济价值,因为这样可以减少运输成本。但是水资源却不可以经过人工提炼而进行体积上的浓缩,虽然通过人类加工可以将自然水资源变为饮用水,这样水资源的经济价值得以提高,但是数量有限,其运输成本较高。

3.水资源既是生产对象,又是生产条件

矿产资源或生物资源都属于人类进行生产的对象,人类通过

劳动对其进行加工形成最终产品。但是水资源不仅是人类进行生产的对象，同时还是人类进行生产的条件。例如，水资源作为生产对象可以被加工为饮用水，作为生产条件可以为发电、航运等提供条件。

4. 人类不能对水资源循环实施有效的人工控制

水资源的自然循环并不是一个固定的过程，其具有不规则性，所以在一定时间和空间范围内可能会形成水资源供给不足或是供给过量的现象，也就可能造成干旱或洪涝灾害，但人类目前拥有的技术并不能对这种循环进行有效控制，这样就会造成水资源的功能不能充分发挥，其他资源的利用也会受到一定影响。

5. 水资源的自然供给无弹性，需求呈刚性

水资源的自然供给与价格无关，它的需求价格弹性极小。因为无论是人类还是动植物对水都有刚性需求，水是保证他们生存的根本。水资源也为人们对生物资源进行开发和利用提供了条件，缺少水资源人类的经济活动会受到影响。所以对水资源进行开发和利用是一个关乎社会和生态的重要问题。正因为这样，人口数量、经济规模和农业生产必须考虑水资源的可供性，对水资源的需求没有限制会导致经济系统的崩溃。

（二）水资源对农业的重要性

1. 水资源是农业生产的命脉

农业生产的生产对象为各类动植物，水资源是保证它们生存的根本。农业生产如果出现水资源的短缺，就会导致农业生产不能实现长期发展。通过农业生产的实践情况可以看出，一般在水资源充足或灌溉条件较好地区的生产情况比较好，在这些地区的农产品产量明显高于其他地区。如果干旱地区和半干旱地区想要提高其农产品的产量，就必须切实解决这些地区水资源短缺的

现状。

2.水资源状况影响农业布局

一般情况下,水资源充足、灌溉条件较好的地区的农业人口和劳动力较为密集,同时这些地区拥有的其他生产要素也比较多,属于主要的农产品集中产区。这些地区虽然资源好,但是人口多、土地面积小,相对的农业生产的潜力比较小。在干旱半干旱地区,人少、土地面积大、生产要素比较短缺,所以劳动生产力水平低。但是这类地区的农业生产潜力比较大,如果最关键的水资源问题可以得到有效的解决,就很可能实现农业布局的优化。

3.水资源是重要的农业生态环境资源

水资源状况和农业生态环境之间存在直接关系。如果出现水资源短缺,就可能引起森林和草原退化、土地沙化等;对水资源进行不合理利用,可能引起灌区土地次生盐碱化、水土流失和土地肥力下降;水资源污染会给农业生产带来阻碍,还会严重危害生态环境。

4.水资源是农民的基本生存条件

水资源为农民的生存提供最基本的条件。提高农民生活水平的前提就是保证农民的生存,也就需要保证农民对水资源的需要。只有在满足农民对水资源的基本需求的基础上,才能进一步发展农村,实现农民的生活富裕。

(三)我国水资源的状况

1.总量多,人均量少

我国的陆地水资源总量高达 28 000 亿立方米,位居世界第四。但是我国人口规模大,人均水资源仅有 2 300 立方米,与世界平均水平相距甚远,仅为世界平均水平的 25%,是全球范围内人均水资源最贫乏的国家之一。按照现行国际标准,我国目前有 16 个省(区)人均水资源低于 2 000 立方米,属于严重缺水地区。在正常的水资源需求下,不进行水资源超采,农业每年缺水大概为 300 亿立方米。

2.水资源地区分布不平衡

按照地域分布,我国水资源呈现东南多、西北少的特点,而我国地下水分布是南方多、北方少。我国人口分布与耕地分布也存在分布不均的现象,加之水资源的分布不平衡,导致我国农业时常会出现灾害现象,例如大面积的干旱或是洪涝等。

3.水资源季节分布不均,年际变化大

因为受到季风的影响,我国的降水量以及径流量在一年内会呈现季节分布不均匀的状态。一般情况下,全年的降水量主要集中在夏季。因为降水的高度集中,导致我国在汛期大量弃水,非汛期大量缺水,水资源得不到充分合理的利用。除此以外,我国年间降水量也存在较大变化,连续旱年和连续雨年会呈交替状发生周期性变化,尤其在北方这种情况较为明显。

第二节　农业劳动力资源

农业劳动力资源是指能够参加和从事农业生产劳动的劳动力数量和质量的总和。农业劳动力资源是开展农业活动的基础,农业生产经营活动需要劳动力资源为其提供基础动力。

一、农业劳动力资源概述

(一)农业劳动力资源的概念

劳动力是指可以参加劳动的人,农业劳动力是指参加农业劳动的人,农业劳动力资源是对参加农业劳动的劳动力的数量和质量的总称。农业劳动力的数量,是由适龄的有劳动能力的劳动力数量,以及未达到或是超过劳动年龄的经常参与农业劳动的劳动力数量组成的。农业劳动力的质量,是指农业劳动力的实际状况,例如身体状况、农业劳动的技术掌握程度、农业科学技术水平等。

(二)农业劳动力资源的特点

1.流失性

这是指劳动者的服务能力不可以进行储存。如果不在一定时间内对劳动力的服务能力进行利用,那么就会导致其服务能力自行消失,该能力不可以储存到另一时间使用,所以必须在有效时间内对劳动力进行充分利用。

2.可再生性

劳动力具有可再生性,通过合理的利用,劳动力拥有的劳动能力可以恢复和进行补充,所以在利用劳动力时要注重科学合理性。劳动力的可再生性是建立在劳动者的休息得到保障的基础上的,并且还要为劳动者提供良好的医疗保健条件。

3.能动性

这是指劳动者拥有主动性和创造性。在当今社会中,大部分劳动资料和劳动对象是通过人的劳动创造出来的。科学技术已经成为当今这个现代社会的第一生产力,但是劳动力依旧在生产活动中起着重要的作用。科学技术需要通过人类创造,亦需要通过人类使用。所以,要保证劳动力在生产活动中保持积极性,最大程度地发挥劳动者的主观能动性。

4.两重性

这是指劳动力既是社会财富的创造者,又是社会财富的消费者。与生产资料结合,劳动力就是创造者;不与生产资料结合,劳动力就是消费者。我国的农村人口大约为 7 亿,其中有近 5 亿的劳动力,3 亿多的农业劳动力。如果能充分合理地利用这些劳动力资源,就可以在很大程度上推进我国农业发展;反之,这些劳动力资源会为国家经济造成负担,劳动力资源数量上的优势就变成了劣势。所以,我国的劳动力利用问题相较其他国家显得更为重要。

二、农业劳动力资源的利用

对劳动力资源进行充分合理利用的途径主要有两个,即提高农业劳动力利用率和提高农业劳动生产率。前者是通过农业外延扩大再生产利用劳动力资源,后者是通过农业内涵扩大再生产利用劳动力资源。

(一)提高农业劳动力利用率

1.农业劳动力利用率的含义

农业劳动力利用率是指农业劳动力资源的实际利用量与拥有量的比率,反映农业劳动力资源的利用程度。

根据不同的分析目的,有以下三种方式可以用来计算农业劳动力利用率:

$$农业劳动力利用率 = \frac{实际参加农业劳动的人数}{能够参加农业劳动的人数}$$

$$农业劳动力利用率 = \frac{平均每个劳动者实际参加劳动的天数}{平均每个劳动者可参加的劳动天数}$$

$$农业劳动力利用率 = \frac{工作日中的纯工作时间}{工作时间}$$

2.提高农业劳动力利用率的意义

提高农业劳动力利用率可以使劳动者成为社会财富的真正

创造者,可以通过自身劳动为社会创造更多财富。在社会劳动力资源总量和劳动生产率一定的情况下,随着农业劳动力资源的利用率的提高,就会有更多的实际劳动量投入到农业生产中,也就会创造出更丰富的农产品。反之,劳动力得不到充分利用,成为纯粹的社会财富的消费者,从而对农业和国民经济的发展造成负担。

3.提高农业劳动力利用率的途径

（1）优化农业产业结构,发展劳动密集型产品

我国土地资源稀缺、劳动力资源丰富,根据这一特点我国应该发展劳动密集型产品。现在,农业也开始向国际化发展,要合理安排农业产业结构,大力发展蔬果、花卉、畜牧等需要较多劳动投入的农产品生产。并且要提高农产品的质量,加强产品竞争力,同时增加劳动投入,增加农民收入。

（2）实行农业产业化经营,拉长农业产业链

随着农业的发展,产业化经营成为主要的经营模式,这就使农业生产发生了生产经营领域的变化,从单一的农产品生产转向农产品的加工、运输、包装、销售等。这种转变提高了农产品的附加值,同时还为社会提供了更多的就业机会,提高了农业劳动力利用率,从而实现了农民收入的增长。

（3）加强农业基础设施建设,改善农业生产条件

农业基础设施是指固定在农用土地上可以较长时间发挥作用的生产性设施。农业基础设施建设包括修筑梯田、改良土壤、兴修水利、修建道路等活动。加强对农业基础设施的建设,可以对农业生产的物质条件进行改良,还可以加大对农业劳动力资源的利用,提高农业劳动力的利用率。

（4）开发利用荒地资源,向农业广度进军

经过长期农垦,我国的耕地后备资源并不充足,但是在很多地方都存在一些荒山、荒沟、荒丘、荒滩,并没有得到充分利用。因为这些土地资源的特殊性质,并不适合进行分户家庭承包,所

以可以通过招标、拍卖、公开协商等方式进行承包。对"四荒"资源进行开发利用,可以提高土地利用率,增加农产品的产量,同时还可以提高农业劳动力的利用率。

(二)提高农业劳动生产率

1.农业劳动生产率的含义

农业劳动生产率指农业劳动成果与劳动时间的比率,可以反映农业劳动者的生产效率。一般情况下通过农业劳动者在单位时间内生产的农产品数量进行表示,也可以用生产单位农产品所消耗的劳动时间来表示。

农业劳动生产率可以用公式进行表示:

$$农业劳动生产率=\frac{农产品数量}{农业劳动时间}$$

$$农业劳动生产率=\frac{农业劳动时间}{农产品数量}$$

上述两个公式是农业劳动生产率的定义性公式。如果进行实际计算,需要将农产品数量和农业劳动时间进行具体化。

农产品数量是指农业劳动的实际劳动成果,可以用具体的实物量进行表述,例如农畜产品的总数量或商品数量,可以用具体的价值量进行表述,例如总产值、增加值、利润等;可以用具体的作业量进行表述,例如耕地数量、收割数量等。在进行单项农产品的劳动生产率计算时,一般都会采用实物量作为指标;在进行综合劳动生产率时,一般会采用价值量作为指标;在进行劳动的工作效率分析时,一般采用作业量作为指标。

一般情况下,农业劳动时间只包括农业劳动者花费的活劳动时间。但在进行农业劳动者的计算时,可以包括直接从事农业生产的劳动者,也可以包括间接从事农业生产的劳动者在内的全部劳动者。后者是指将为农业生产提供服务的劳动者也纳入统计单位,例如提供育苗、提供农耕技术、提供专业工具的专业劳动者。当社会处于生产力水平较低的阶段时,农业生产主体需要自行完成这一系列农业生产活动,随着农业社会化水平的不断提高,这些活动可以由专业的服务组织来完成。按照直接劳动者还是按照全部劳动者进行农业劳动生产率的计算,会产生不同的计算结果,所以要在不同的需求下选取不同的指标。在计算某个农业生产主体的农业劳动生产率时,按照直接劳动者进行计算;在计算较大的地区或一个国家的农业劳动生产率时,按照全部劳动者进行计算。在进行计算时,劳动时间的单位也可以进行不同的选择,可以按照年、天、小时进行计算。

2.提高农业劳动生产率的意义

农业劳动生产率的不断提高是历史发展的必然结果。随着社会的不断发展,农业劳动生产率也必须要随之提高,科学技术的发展可以为农业劳动生产率的提高提供条件。农业劳动生产率的高低是判断一个国家农业发达程度的标准。

(1)提高农业劳动生产率可以降低农产品成本

农业劳动生产率的提高就会减少单位农产品所耗费的活劳动,活劳动的耗费是组成农产品成本的重要部分。所以,提高农业劳动生产率就可以理解为是农产品成本的降低,这就会促进农产品竞争力的提高,促进农业生产经济效益的提高。

(2)提高农业劳动生产率是改善农民物质文化生活的决定性条件

首先,提高农业劳动生产率,可以在一定程度上降低农产品的单位成本,从而提高经济效益并增加农民的经济收入;其次,提高农业劳动生产率,可以压缩农业劳动者的工作时间,这样就会有更多的闲余时间,利用这些时间可以休息、娱乐,可以进行科学文化知识的学习,以此促进农业劳动力的全面发展。

(3)提高农业劳动生产率是发展农业的根本途径

根据农业劳动力的利用率,基本上有两个途径可以增加农产品,增加社会劳动时间和提高劳动生产率。前者主要是通过增加劳动者的数量、增加劳动者的工作时间或提高劳动者的劳动强度来实现;后者是通过减少单位产品上所消耗的劳动时间实现的。如果仅靠增加劳动者数量来增加商品数量不符合社会发展的要求,利用增加劳动时间促进农业的发展也具有很大的局限性,并且增加劳动时间从长远看并不利于发展。但是劳动生产率可以随着科学技术的发展不断提高,这是符合社会发展要求的发展方式。

(4)提高农业劳动生产率是加快国民经济发展的重要保证

提高农业劳动生产率,一方面,利用剩余的农产品可以更好地满足国民经济其他部门发展对农产品的需要;另一方面,通过生产率提高解放出的大量劳动力可以填补其他部门的劳动力缺口。

3.农业劳动生产率的影响因素

有诸多因素都可能会对农业劳动生产率造成影响。马克思认为,劳动生产率是由工人的平均熟练程度,科学的发展水平和它在工艺上应用的程度,生产过程的社会结合,生产资料的规模和效能,以及自然条件决定的。所以,可以将影响农业劳动生产率的因素归纳为以下几个方面。

(1)自然因素

这是指自然环境提供的各项条件,包括地理环境、气候情况、水利条件等。如果在优越的自然条件下开展农业生产,就能在相同的劳动时间内生产更多的农产品,也就是农业劳动生产率相对较高;如果在恶劣的自然条件下开展农业生产,就会导致单位时间内生产的农产品少,也就是农业劳动生产率相对较低。

(2)技术因素

这是农业现代化发展水平的一种体现,包括农业生产技术、物质技术装备、现代管理手段等。显而易见,农业现代化的发展水平越高,土地的生产率就越高,对劳动力的需求相对较小,而劳动生产率就会较高。

(3)经济因素

经济因素是指经济方面对农业生产会造成影响的因素,包括经济体制、市场体系、经营规模、生产结构、经济发展水平等。良好的经济环境和经济产业结构，可以为农业发展提供良好的市场条件，可以促进农业资源实现更为高效的市场分配，最终提高农业劳动生产率。

（4）社会条件

社会条件是指社会环境为农业生产提供的各项条件，包括人口的增长速度、农业劳动力的转移速度、农村教育和卫生医疗条件等。例如，人口的增长速度降低，农业劳动力的转移速度提高，就会导致人均自然资源拥有量增加，这就会相应的使农业劳动生产率有所提高；农村教育程度高，卫生医疗水平高，农业劳动者的素质就会有所提高，这也会导致农业劳动生产率的提高。

4. 提高农业劳动生产率的途径

对农业劳动生产率产生影响的因素有很多，但是在不同的国家背景下，在不同的发展阶段，需要面临的主要影响因素并不相同。根据我国现阶段的发展情况和实际国情来看，提高农业劳动生产率的主要途径有以下几种。

（1）提高农业的物质技术装备水平

在农业生产中使用先进的农业机械设备、化肥农药等生产资料，可以减少活劳动的投放，同时还可以提高土地生产率，这样就可以促进农业劳动生产率的提高。对于我国当前的情况来说，我国农业的整体物质技术装备水平比较低，尤其是在农业的机械化和设施化方面水平较低，所以通过提高农业物质技术装备水平实现农业劳动生产率的提高是一个科学有效的途径。但是在使用农业机械时要有所选择，根据实际情况推进农业的机械化和设施化，保证被替换的劳动力可以进行合理安排。

（2）合理利用和改善自然条件

自然条件对农业生产会产生很大影响，所以想要提高农业劳动生产率可以通过对自然条件进行合理的利用和改善。我国国土面积大、跨度大，各个地区呈现出各自不同的自然条件，按照不同的情况合理地安排农业生产,是提高农业劳动生产率的一个关键环节。同时,还应该加大对农业基本建设的投入,对不利的农业生产条件进行改善,以此减少自然灾害对农业的威胁,这对于提高农业劳动生产率也有重要意义。可以看出,对自然条件进行科学合理地利用和改造,是提高农业劳动生产率的重要途径。

（3）提高农业劳动者的科学文化素质

科学技术已经成为当今推动经济社会发展的重要动力,其在农业生产发展中的作用也很明显,并且这种重要性随着科学技术的不断进步而与日俱增。现代农业是离不开先进的科学技术的,农业机器设备的运用、现代化的农业经营管理等,都需要科学技术的支持。当前,我国农业劳动者的整体文化科学素质较低,这是制约发展农业的障碍,也是提高劳动效率的障碍。所以,应该加大对农业劳动者在科学文化素质方面的投资,提高他们的整体素质,以此为基础提高农业劳动生产率。

（4）建立合理的劳动组织形式

应该科学合理地建立劳动组织,实现劳动组织形式与生产力发展水平达成协调,按照客观实际的生产需求开展分工与合作,这样可以促进农业劳动生产率的提高。按照农业发展的必然要求实行家庭经营制度,但是家庭经营对于推动农业发展有局限性。想要进一步推进农业的发展,就需要建立符合发展力水平的劳动组织形式,就是在坚持家庭经营基本制度不变的前提下,对农业组织制度进行改革创新。按照我国目前的发展情况,应该建立各类专业合作社、农业产业化经营组织,还需要推进农业社会化服务组织的发展。

（5）推进农业适度规模经营

我国的农户经营规模比较小,这也会影响农业劳动生产率的提高。所以,应该加大力度推进工业化和城市化的进程,加快农业剩余劳动力转移。除此以外,应该对农地使用权的流转机制进行完善,调整农业经营的规模,推进农业劳动者与生产要素的最优配置。这些行为都可以促进我国的农业劳动生产率进一步提高。

　　根据我国的实际情况,提高农业劳动生产率需要对两个问题进行良好的处理。首先,处理好农业劳动生产率和农业劳动力利用率之间的关系。提高农业劳动生产率,就是要减少单位农产品中的活劳动耗费,这样就会产生节省出的劳动力,必须对这些劳动力进行合理安排,因为只有这样才能保证劳动生产率得到提高的同时,劳动利用率并没有下降,保证这种提高是有意义的。其次,处理好劳动生产率和土地生产率之间的关系。二者之间的关系并不是确定的关系。土地生产率的提高一般会引起劳动生产率的提高,但是有些时候,劳动生产率的提高可能会引起土地生产率的降低。我国人均拥有土地面积小,虽然我国国土面积大,但是土地仍属于稀缺资源,这就要求我们在提高农业劳动生产率的同时保证土地生产率。

第三节　农业资金

　　农业资金是指投入到农业生产经营活动中的资金,是农业发展的物质基础。尤其是在市场经济条件下,其他农业生产资料也需要使用农业资金购买,所以农业资金是农业生产要素的重要组成部分。

一、农业资金的概念

　　广义来说,农业资金是指政府、经营主体和社会其他部门投入农业领域的各种货币资金、实物资本和无形资产,以及在农业生产经营过程中形成的各种流动资产、固定资产和其他资产的总和。实际上就是指用于农业生产经营活动的所有资金之和。资金投入有很多类型,其中最重要的就是货币资金。货币资金具有很强的流动性,可以在市场中自由流转,可以快速便捷地转化为其他形式的资金。从狭义层面来说,农业资金指社会中各投资主体投入到农业生产经营活动中的货币资金。

货币只是一种重要的资金形式,但是货币与资金不可以画等号。资金可以通过一定数量的货币来表示,在一定条件下货币也可以转化为资金。但是货币与资金之间具有明显的区别。资金具有可以进行循环和周转的价值,并且该价值可以保值;货币不一定是资金,只有在投入再生产过程中进行保值增值的货币才是资金。所以,农业资金是指投入到农业生产经营活动中进行循环和周转,并有保值增值的价值,且具有垫支性、周转性和增值性的资金。

二、农业资金的分类

(一)按资金的所有权划分

按照这种方式进行划分,可以将农业资金分为自有资金和借入资金。自有资金是指农业生产经营主体自身拥有投入生产经营活动的资金,这类资金不需要归还他人。它包括农业生产主体筹集的股本资金和在生产经营中积累的资金。此外,政府提供的无偿支援资金可以作为自由资金。借入资金是指农业生产经营主体通过借贷的方式获取的资金,这类资金需要按照约定到期还款。它包括向银行或信贷机构借入的贷款、向社会发行的债券等。

(二)按资金存在的形态划分

按照这种方式进行划分,可以将农业资金分为货币形态的资金和实物形态的资金。货币形态的资金是指以货币形式存在的资金,例如现金、存款等都属于货币资金;实物形态的资金是指以实物的形式投入到生产经营活动中的资金,例如各类生产资料、投入其中的产品等。

（三）按资金在再生产过程中所处的阶段划分

按照这种方式进行划分,可以将农业资金分为生产资金和流通资金。生产资金主要指各种生产资料和在产品所占用的资金;流通资金主要指各种产成品占用的资金和在流通领域中的现金、存款、应收款所占用的资金。

（四）按资金的价值转移方式划分

按照这种方式进行划分,可以将农业资金分为固定资金和流动资金。固定资金是指垫支于劳动资料上的以固态资产形式存在的资金,例如农业生产用房、机械设备、水利设施等。固定资产的单位价值大,使用时间长,并且可以重复多次地投入农业生产中,其价值会随损耗转移至产品成本中,产品的销售收入会对其进行补偿。流动资金是指垫支在种子、饲料、肥料、农药等劳动对象上的资金和用于支付劳动报酬及其他费用的资金。流动资金是一次性的,一旦投入到一个生产过程中就会被完全消耗,其价值会一次性转移至产品成本中,并会从产品销售中得到一次性的补偿。

三、农业资金的来源

第一,农业生产经营主体投入。农户在我国的农业生产经营中是最重要的生产经营主体,同时也是最重要的农业投资主体。除了农户外,农村集体经济组织、农民专业合作社、农业企业等组织也是农业生产主体,这些主体也是农业资金的重要来源。

第二,政府财政预算拨款。政府会根据实际情况为农业进行财政预算拨款,这笔财政资金也是农业资金的重要来源。一般情况下,财政资金都采用无偿的方式进行拨款,但是在一些时候部分财政资金也会通过有偿的形式进行划拨,或者转化为银行信贷资金的形式提供资金支持,这类有偿的资金提供方式主要是为了提高财政资金的使用效率,以便达到更好的使用效果。

第三,金融机构和个人融资。金融机构或个体信贷供给者也会为农业生产经营者提供多种信贷资金,这类资金也是农业资金的来源之一。信贷资金是有偿提供的,需要按照约定日期进行本息还款。农业信贷资金的提供者可以依照政策目标提供政策性贷款,也可以为了实现其商业目标提供商业性贷款。

第四,国外资金。在农业中,国外资金来源主要有以下几种。国际经济组织提供的资金,例如联合国、世界银行等组织提供的资金;政府间援助获取的资金,一些农业方面的合作投资项目投入的资金;国外金融机构、企业或个人进行的农业投资。

四、农业资金的作用

(一)资金是重要的现代生产要素

在古典和新古典经济增长理论中,各类生产要素的投入与技术进步共同作用引起经济增长。在新经济增长理论中,强调了技术、贸易、制度等因素在经济增长中起到的作用,但是依旧认可各类生产要素投入对经济增长的基础性作用。实际上,当技术水平和制度等因素保证在一定情况下,各类生产要素投入量的增加是引起经济增长的主要因素。对于农业来说也是这样,生产要素的增加会促进农业的发展,农业资金作为生产要素,所以增加资金投入可以促进农业发展。

(二)资金是农业生产经营主体获取生产要素的必要手段

在市场经济条件下,各类生产资料都是商品,需要通过购买获得,例如劳动力、土地等都是如此。而购买这些生产资料就需要有资金支持,所以想要发展农业,首先就要解决资金问题。从一定角度来说,农业生产经营主体拥有的资金多少反映了它从事生产经营活动的综合能力的大小。

（三）资金是农业生产经营主体的重要管理工具

在市场经济条件下，资金运动和生产经营活动是密不可分的，在生产经营中一定会有资金运动，资金运动的过程反映了生产经营活动。所以，应该充分合理地利用资金管理，这样可以更好地掌握生产经营状况并加以分析，可以及时发现问题解决问题，以此提高农业经营管理水平。

（四）资金的使用效益是农业经济效益的主要表现

农业经济效益可以通过很多指标进行衡量，例如劳动生产率、土地生产率等。但是在当前的市场经济条件下，资金的使用效益肯定是衡量农业经济效益的核心和综合指标，因为劳动力、土地资源这些生产资料也需要使用资金购买。可以看出，资金运用的经济效益高低，可以对各类生产要素利用的综合经济效益水平进行综合反映。

（五）资金的分配是国家调控农业的重要工具

从宏观角度看，政府对农业的财政支持力度可以反映政府对农业的重视程度，政府资金的投放方向可以反映政府对农业发展支持的重点，这样可以引导其他农业资源进行更加合理的配置。它可以帮助农业产业结构进行调整，可以进一步改善农业生产条件。

第四节　农业科技进步及信息化发展

随着科学技术的不断发展，农业科技进步成为农业发展的重要环节，这也是实现农业现代化的重要条件。同时，当前处于信息化时代，农业信息化发展符合时代要求的发展方向。农业科技进步和农业信息化都可以提高农业生产效率，优化资源配置，推进农业发展。

一、农业科技进步

（一）农业科技进步的特点

科技进步的过程主要包括三个阶段，即科技成果的生产；科技成果的产业化；科技成果的扩散与推广应用，各个阶段之间相互联系。农业科技进步的过程与其他领域展现出其自身的特点。想要推进农业科技进步，就应该充分认识和了解这些特点，合理利用这些特点。

1.研究开发周期长，风险大

生物有机体是按照一定的自然规律生长发育的，在进行农业研究开发时，首先要保证研究周期基于生物的生长周期，人们必须在自然界限内进行科学试验。例如，在进行动植物新品种的培育实验时，一实验周期至少需要一个动植物的生长周期。在实际的农业研究开发中，并不是经过一次实验就可以完成，而需要多次多方面的实验，需要经历许多个动植物的生长周期。所以，进行农业科学研究开发需要很长的研究周期，而研究周期长就会带来更大的风险。因为研究开发失败，已经投入的资金是不可能收回的，并且已经投入的人力、物力和时间也就此损失了。

2.研究开发需要多学科合作

农业研究开发的任务是提出解决动植物生长与环境因素之间相互协调的技术方案，这是一个具有综合性的任务。进行农业研究开发需要各个学科和领域的专家进行协作研究，包括遗传学家、土壤学家、生理学家、营养学家、病理学家等。在进行农业科技成果的应用时，要采取相应的配套措施，只有各个方面的协调合作才能保证新技术预期效果的实现。

3.科技成果具有区域适应性

动植物的发育生长需要一定自然条件的支持,所以在进行农业科技成果的推广时,一般都是在一定区域内进行的,尤其是动植物品种具有很强的地域选择性。因此,想要进行大范围的农业新技术推广,首先要解决区域限定的问题,要进行适应性试验,保证农业新技术可以适用于各个区域,这样才能保证新技术的推广效果。

4.新技术的应用效果具有不确定性

因为农业新技术会受自然环境等不可控因素的影响,这就可能影响其效果。而且,从经济再生产的角度看,农业新技术发挥了其预期的效果,也并不一定会带来良好的经济效果。生产经营者可能因为产量、价格、成本等经济问题,排斥在其生产经营中使用新技术。所以,农业新技术不仅要保证技术上的先进性、生产上的可行性,还需要保证其经济上的合理性,只有这样才能保证新技术可以在现实的生产经营活动中投入使用。

(二)农业科技进步的作用

1.提供先进的农业技术装备,提高劳动生产率

农业技术进步为农业带来了很多先进的农业机械、工具和设施等,利用这些工具可以减轻农业劳动者的工作强度,提高他们的劳动能力和劳动效率,以此降低农业生产成本,提高经济效益。

2.提高动植物的生产性能,提高单位土地面积产量

据实践研究表明,农业科技进步可以为农业带来显著的增产效果。例如,依据遗传学理论结合生物技术,大幅推动了育种技术的发展,利用这种新技术培育出一系列优良的动植物品种,大幅提高了单位产量。在全球范围内看,自 20 世纪 30 年代培育出

了杂交玉米以来,很多杂交种相继被培育出来,如杂交高粱、杂交大麦、杂交棉花、杂交水稻等。20 世纪 50 年代以来,全球范围内农产品的增加中,有很大一部分都是通过高产品种培育得到的。20 世纪 60 年代中期,开始推广"绿色革命",促使很多发展中国家的粮食产量大幅增加。除了在这方面,在畜牧业、林业和水产业方面育种技术也为其带来了显著的增产效果。随着化学、生物生理学、营养学理论的发展,农作物肥料和养殖动物饲料等方面得到了发展,使动植物的营养状况和生长条件得到了极大的改善,进一步提高了良种的增产性能。

3. 提高农产品质量,满足市场对高品质农产品的需求

将生物技术运用于农业生产经营中,一方面可以增加农业产量,另一方面可以根据市场需求对产品质量进行调节。根据人们对食品消费的需求变化,可以对粮食、肉类等各种农产品中的营养成分的含量进行调节,满足人们的个性要求;适应纺织工业的发展,对棉花纤维的长度和弹性等性质进行调整。而且,农业科技进步在提高农产品初级产品质量的同时,还可以丰富农业加工品的种类,提高其品质。

4. 扩大资源供给,提高资源利用效率

农业科技进步会引起农业资源的配置发生变化。农业科技进步会使农业资源的利用范围扩大,这样就会有很多新的资源加入到农业生产中,也就会提高农业资源的供给量;农业科技进步会促进农业资源的利用效率提高,可以使用相同的农业资源生产更多的农业产品。农业科学技术的进步,可以提高劳动资料的效率,提高劳动对象的质量,可以对农业进行科学合理的管理,这样就会使农业生产要素的利用效率持续不断提高。同时,农业科技进步可以协调生物和环境之间的关系,促进农业的可持续发展。

5. 提高农业的经济效益,增加农民收入

第一,农业科技进步可以促进农业劳动效率的提高。第二,

提高农产品的产量和质量。第三,推动农业规模经济的实现。农业科学进步,可以扩大生产单位的经营规模,从而降低平均成本,以此实现规模效益。第四,提高生产要素的利用效率。以上几个方面都可以促进农业经济效益的提高,促进农民收入的提高。

6.有利于改变农村面貌,缩小"三大差别"

农业科技进步一方面可以促进农业发展,促进农村经济发展,另一方面还可以改善农村的生态环境。科技进步可以带来全新的农业生产方式,也会改变农民的生活方式,会引起农民的生活习惯和价值观念发生转变,这就引起了农村面貌的全面改观,缩小甚至消除了工农差别、城乡差别以及体力劳动与脑力劳动的差别。

(三)中国农业科技的创新方向

1.高产、优质、高抗动植物新品种繁育技术

优良品种是提高农产品产量和质量的基础。随着经济的发展,人们的生活水平越来越高,这就使人们对农产品的需求提出了更高的要求,促使农产品要提高质量适应要求。对于我国来说,培育优良品种是发展农业科技创新的一个重要方向。我国将应用常规技术和转基因技术、分子定向育种技术、航天诱变育种技术等新的育种技术,大力培育动植物新品种。我国的耕作制度较为复杂,所以在进行选种时应选择早种晚熟配套和前后茬配套的优良品种;按照不同生态类型,选择那些可以抵御重要病虫害或自然灾害和盐碱等不良环境条件的多抗性优良品种。在进行畜禽育种时,选择那些高品质、高饲料转化率的新品种作为重点培育对象。

2.作物栽培技术和畜禽饲养技术

想要充分发挥优良品种的潜力,需要搭配适合的栽培和饲养

技术。所以,不可以只关注优良品种的培育,还需要对相应的栽培和饲养技术进行研究和推广。在种植业方面,要充分了解不同地区的生态条件,根据生态区域的特点建立主要农作物的高产栽培技术体系。在畜禽和水产饲养方面,应该对相应的配合饲料、疫病防控与治疗技术等进行研究和推广,要按照区域和规模的不同,建立相应的养殖模式和技术体系。

3.农业机械和设施农业装备技术

农业机械化可以减轻农业工作者的劳动强度,提高农业劳动效率,而且这是实现农业现代化的重要基本条件。我国当前的农业机械化水平并不高,应该加大力度推进农业机械化。同时,还要联系实际情况,一方面加大推进粮食生产过程的机械化程度,另一方面研究和推广园艺用微型耕整机械、小气候调节机械和自动化调控设备。此外,还要加大、加深对农业机械和装备的自动化、智能化等方面技术的研究,提高自动化和智能化水平。

4.化肥、农药生产和使用技术

化肥、农药是实现农业增产的一个重要因素,我国当前的化肥、农药生产方面仍然有一些问题。我国农业化肥主要存在以下问题,包括品种结构不合理、肥分利用率低、施用方法不科学等。应该研究和推广新型化肥、有机肥料资源无害化处理技术等。我国农业的农药使用效率低、成分残留高,所以应该研究和推广高效、低毒、低残留的农药,加强对环保施药的推广,要建立科学统一的有机农药使用技术标准,要推进我国农药使用的规范化和科学化。

5.农产品质量控制和检测技术

农产品质量安全是一个非常重要的问题,首先它与消费者的健康有直接关系,其次它也在一定程度上决定了农产品的国际市场竞争力。根据实际情况来看,我国的食品质量安全问题十分显著,是消费者极为关注的问题。所以,提高我国农产品的质量安全水平是一个迫在眉睫的课题。通过农业科技创新,可以加强对农产品质量安全的检测和控制,同时应该制定和完善统一的农产品质量标准,加强农产品标准化生产技术体系和农产品质量检测体系的建设,提高我国农产品的质量安全水平。

6.农产品精深加工与储运技术

发展农产品加工贮藏技术,可以延长农业产业链、提高农产品附加价值、推进农业产业化经营。在农产品生产后,应该进行农产品和农林特产精深加工提高其附加价值,还有一系列配套的设备和技术的研究和推广也很重要,例如绿色储运技术、农产品的保鲜储存与运输技术、冷链运输系统技术等。

7.资源利用和环境保护技术

我国面临着十分严重的环境污染问题,并且因为人口规模大所以资源较为紧缺,这些都对农业的可持续发展造成了严重的阻碍。所以,为了推进农业的发展,就应该研究和推广资源科学合理利用的技术,以及环境友好型技术。例如,节水农业、地力培育、草原植被恢复、农业面源污染防治等都属于这类技术。充分开发和利用先进的技术,建立区域性农业资源利用技术体系、退化草原快速治理与可持续利用技术体系、综合治理技术体系等。

二、农业信息化

(一)农业信息的类型

1.农业自然信息

农业自然信息指存在于自然界中的与农业活动相关的各类信息,包括生物生长信息,如作物生长信息;生物生长环境信息,如当地的土壤、气候条件等；生物生长与其生长环境之间的作用信息，如农作物和土壤之间的养分循环等。作物生长信息包括作物的种类、品种、生态适应性、营养需求等相关信息；土壤信息包括土壤的类型、质地、养分情况、含水量、耕作层厚等信息。这些农业自然信息可以为农业劳动者对其生产决策和日常生产管理提供参考。

2. 农业社会信息

农业社会信息指人类在农业生产经营活动中产生的各类信息，包括农村社会和经济信息、农业生产技术信息、农业市场信息、农业政策信息等。农村社会和经济信息包括农业人口数量和变化情况、农民收入水平、农民社会保障情况、农村基础设施等方面的信息，通过对这些信息进行充分的了解，政府可以指定和调整相应的政策。农业生产技术信息包括农作物的品种、栽培技术、病虫害防治技术等方面的信息，通过充分掌握这些信息，农业劳动者可以采取相应的技术措施。农业市场信息包括农业生产资料和农产品市场供求和价格等信息，通过这类信息，农业劳动者可以对其生产经营进行较为科学合理的决策。

（二）农业信息的特点

1. 与自然环境条件的依存性

农业是将自然再生产作为其基础的，生物的生长发育一定是在自然环境中发生的。所以在进行农业生产的安排，以及农业生产的日常管理时，就要充分考虑到生物生长发育的自然环境，包括地形地貌、气候状况、季节等，要充分了解和掌握生物的适地适生信息，要根据实际情况组织农业生产经营活动。

2. 系统性和渗透性

农业生产实际上是自然生产与经济再生产有机结合产生的

部门,是一个涉及生物、环境、经济、技术等多方面、多领域的复杂庞大的系统工程,各方面、各领域的信息都同时存在,并且相互渗透,共同作用。所以,在进行农业生产经营时,必须对各方信息进行全面收集。

3.使用上的商业性与公益性并存

农业信息在使用上同时具有商业性和公益性。商业性农业信息是指直接影响农业生产经营的经济效益的农业信息,在农业生产经营者进行决策时这类信息会直接与他们的利益挂钩,这类信息的价值通过市场得以体现。商业型农业信息具有个体性和微观性,通过市场可以对这类信息进行较好的信息配置。通过相关企业提供信息是缩短信息传递链条的一个有效途径,这样可以提高信息传递的及时性和准确性,实现信息传递双方的即时互动。公益性农业信息是指具有很强正外部性的农业信息。一般情况下,公益性农业信息关系到农业经营风险和部分自然风险的降低,也关系到农业整体生产力水平的改善,这类信息直接关系到国家、社会和广大农民的利益。

(三)农业信息化的作用

1.农业信息化是发展农业的重要动力

当今是信息化时代,信息资源在当今社会中是十分重要的生产要素,在资源结构中占有十分重要的地位。农业信息化是农业发展的必然要求,提高农业信息资源的开发利用水平,可以在一定程度上减少物质生产要素的投入。通过推进农业信息化的发展可以促进农业产业结构的优化,促进农业增长方式的转变,以此为基础推进农业的可持续发展。

2.农业信息化是实现决策科学化的重要手段

农业生产和经营管理受到很多因素的影响,农业系统具有复杂性、动态性、模糊性和随机性的特征，所以在进行决策时比较复杂。想要进行科学有效的农业决策，就需要充分利用多个学科、领域的知识，还需要借助专家的知识和经验进行推理和判断。通过农业信息技术，可以将农业决策支持系统、专家辅助系统、作物生长模拟系统等信息化系统进行有机结合，通过科学的分析做出农业决策。

3. 农业信息化是提高农业经济效益的有效措施

通过信息技术可以进行模拟实验，这样就在农业科研方面节省了成本和时间，提高了科研的效率；通过对信息技术的合理利用，可以通过预测增强作物抵御自然灾害的能力，降低风险和损失；农业信息技术帮助农业生产经营者快速、便捷、低成本地了解和掌握农业新品种和新技术、农产品供求和农业农村经济政策等信息，以此降低决策成本。

4. 农业信息化是实现资源高效配置的重要手段

农业信息化可以打通信息通道，加强农村与城市、国内与国外的联系，使农业发展可以充分利用各方资源和市场，进行资源配置的优化，扩大农产品市场；利用信息系统，可以帮助农村富余劳动力流向城市，加快城镇化和工业化的进程；科研院校和机构可以通过农业信息化寻找合适的实验基地，促进科研成果与现实生产力之间的快速转化；农业方面的人才也可以更好地根据需求找到合适的岗位，实现人才的优化配置。可以看出，农业信息化可以优化资源的配置，提高资源配置的效率。

第四章 现代农业的市场化

现代农业的市场化,实际上是指针对农业资源进行配置的相关方式由以政府分配为主向以市场配置为主转化的同时,让价值规律在农业的产、供、销等环节发挥基础性作用的过程。

第一节 农产品的需求与供给

一、农产品的需求

(一)农产品需求的概念

对于农产品需求的理解,就是指农产品的相关消费者在某一特定时间段内,在各种可能的价格水平上愿意购买并且能够进行购买的某种农产品的数量。

(二)构成农产品需求的条件

构成农产品需求的条件必须同时具备以下两点。
(1)消费者需要具有购买的欲望。
(2)消费者在现行价格条件下需要具有相应的支付能力。

二、影响农产品需求的因素

农产品不同,其相关的用途也会有所不同,与此同时,同一种农产品也具有多种用途,市场需求量说到底,是所有购买者和使用者对某一种农产品的每一项用途的需求总和。

因此,农产品需求会受到诸多因素的影响,主要表现在以下几个方面。

(一)消费者的收入水平

根据消费者的收入水平来说,一般收入水平越高,对农产品的需求量就会相对应地越大;相反,收入水平越低,需求量也会有所减少。但是,作为人们生活中不可缺少的必需品来说,消费量增长是极其有限的,一个家庭成员如果在收入方面越低,那么,相反的家庭支出中用于购买食物的消费支出所占比例就会越大。

人们收入水平在得到不断的提高,农产品的消费结构也出现了一些相应的变化,具体如下。

(1)对一般大路货的农产品需求逐渐呈下降趋势,而对营养丰富的鲜活农产品需求量逐渐上升。

(2)对低质量的农产品需求逐渐下降,而对优质农产品的需求不断上升。

(3)在经济快速发展和收入水平逐渐提高的形势之下,人们对补充服务的需求也在不断地增加,如人们越来越多地需要快餐和方便食品。

(4)在伴随着收入水平提高和生活节奏加快的情形下,对于消费者而言,商品农产品在经过适当的整理和包装、有着整洁的外观、携带起来方便、容易储存的情况下,更容易吸引消费者前往并进行购买。

(二)价格

(1)农产品自身的价格及价格总水平。一般来说,农产品的价格越低,那么需求量就会越大;反之,农产品的价格越高,其需求量就会相对越小。如果在收入水平上不做变化,把某种农产品的需求量进行适当的增加,那么对其他农产品而言,它们的需求量一定会有所减少。

（2）其他相关农产品的价格。

（三）中间需求的变化

对于农产品中间需求的理解,具体是指农产品加工业、以农产品为原料的轻工业以及相关产业对农产品的市场需求。

国民经济的迅速发展,农业现代化的进程加快,使得用做饲料、食品、纺织、化工、商业等的农产品不断增加,在农产品市场中,成为需求量最重要的组成部分。

（四）人口的数量与结构

人口数量的增减,会使得农产品的需求数量受到最为直接性的影响。农产品需求的增加与人口数量的增长在一定程度上来说,是成正比的一个状态。

此外,如果在人口结构上有所变动,那么,对农产品的需求也会造成一定的影响。

（1）城乡的人口结构对农产品需求的影响是很大的,因为城镇居民与农村居民在相比之下,显而易见,城镇居民要消费更多的农产品。

（2）人口的年龄结构对农产品需求也有一定程度的影响,就拿婴幼儿来说,它们对牛奶、食糖的消费就特别高。

（3）脑力劳动者相对来说,对蛋白质含量高的农产品需求量是比较大的。

另外,需求结构还受到民族和宗教结构的影响。

（五）消费者的偏好和消费观念

对于消费者而言,每个不同的家庭、不同的消费者在有关兴趣和偏好方面都会有着不相同的地方。

如果消费者对某种食品没有足够的兴趣,即使该商品的价格没有变动,随之而来的需求量也会有所减少。例如,有的消费者喜欢吃肉,但是针对奶制品或鸡蛋来说,并不是特别喜欢;而有的消费者不喜欢吃荤菜,却非常喜爱吃素菜等。如果消费者在偏好和消费观念上对某一种农产品发生一定的变化,那么这种农产品的需求量也会受到影响,有一定的变化。

(六)消费者的文化习俗

由于不同地区、不同民族之间所拥有的文化传统、宗教信仰和风俗习惯都不一样,各有各的特色,因此这些对消费者在进行相关消费的时候和对于农产品需求的选择也就产生了一定的影响。

除此之外,即使是同一个民族,具有不同风俗习惯的人们对于需求方式也是有所差异的。

(七)消费者对农产品未来价格的预期

至于消费者对农产品未来价格的预期,这个也是很容易了解的。在日常生活中,如果消费者觉得未来农产品的价格有持续上升的趋势,那么他们就会毫无疑问地增加对此类农产品的现实需求;相反,如果他们觉得未来农产品的价格要有下降的趋势,那么对该农产品的现实需求就会相对减少。由此可见,未来农产品价格的预期对消费者对农产品的需求是有一定影响的。

(八)政府的消费政策

如果政府针对农产品价格实行提高的有关政策,人们对农产品的需求就会相对减少,尤其是涉及日常生活的生活必需品方面,表现得更明显一些;相反,如果政府实行低价政策或对农产品进行不同程度的补贴,则会相应增加对其的需求量。

三、农产品的供给

(一)农产品供给的概念

农产品供给,具体是指农产品生产经营者在一定时间内、在一定价格条件下愿意并能够出售的某种农产品的数量。

（二）农产品供给形成同时具备的两个条件

关于农产品供给在形成之后，还必须具备的两个条件如下。

(1)生产经营者对于农产品有出售的相关愿望。

(2)生产经营者有一定的供应能力。

四、农产品供给的特殊性

（一）农产品供给的有限性

土地，在农产品进行生产的过程中是最基本的生产资料，有着独特的地位，不可取代，不但如此，它还是一种有限的稀缺资源。因此，在一定地域和一定技术的条件下，农产品的可能供给总量不是无限的，是有限的，并不会随着价格的提高呈现无限增长的趋势。

（二）农产品供给的周期性

就农产品的生产周期而言，与其他一般商品生产周期相比，它们的周期要长好多。农产品在生产过程中，其实就是经济再生产和自然再生产交织在一起形成的过程。但是，要知道在这一过程中是不能出现间断的，而且同时需要遵守自然规律进行。

（三）农产品供给受自然环境的影响较大

所谓的农产品生产，就是指带有生命力的动植物进行再生产的一系列过程。有很多因素能够对动植物再生产产生相关的影响，其中包括土地、温度、光照、降水等。

（四）农产品供给受政府调控程度较大

关于政府，对农产品相关的生产和供给应该合理地进行调控,针对这一举措是十分有必要的,之所以这么做的原因,是因为农产品的供给涉及国计民生。如果没有政府进行相关的调控,那么农产品在供给过程中出现的不稳定,可能会波及社会,最终造成社会的不稳定。

五、影响农产品供给的因素

影响农产品供给的因素,具体包括以下六个方面。

(一)农产品价格

关于农产品的价格,可以分为以下几种情况。

1.农产品自身的价格

农产品自身的价格,对农产品的相关供给起到一定程度的影响,是一个决定性因素。在一般情况下来说,农产品的价格对于农民的收入有着极大的影响,不仅如此,也会对农民生产的积极性造成一定的影响,最终使农民增加或减少农产品供给。

2.其他相关农产品的价格

(1)竞争性农产品,就是在资源利用上相互竞争的农产品。在特定的资源条件下,如果有两种竞争性的农产品,当其中一种价格没有变动,另一种农产品价格发生变化,那么就会使前一种农产品生产的供给量发生相反方向的变化。

(2)连带农产品,就是在生产一种农产品的同时,也产生另一种农产品。当两种农产品中的其中一种价格不进行变动,另一种农产品的价格发生变化时,就会使前一种农产品的供给量发生相同方向的变化。

3.农产品生产要素的价格

当农产品的生产要素价格有所上升时,那么农产品的生产成本也会有所增加,从而在农产品市场价格不变的情况下,利润降低,供给量减少;相反,当农产品生产要素的市场价格下降时,那么相应的农产品的市场成本就会减少,从而在农产品价格不变的情况下,利润上升,供给量增加。

根据上述内容看来,要想使农产品的供给保持稳定中有所增加的一个重要措施,就是适当地降低生产成本。

(二)农业资源及其开发利用的技术水平

从最基础的条件上来说,农产品生产的可能性需要取决于一定的农业资源,与此同时,农产品的多少也是完全取决于资源条件的优劣。也就是说,在资源既定的条件下,对生产技术进行适当程度上的提高,能够充分地对资源进行利用,使得供给在一定程度上有所增加。

在生产力水平不断得到发展的情况下,科学技术形成的影响力将会越来越大,使物质资源的效用发挥更大的作用。

(三)农产品生产者数量

农业生产者相关的数量,是一个基本且重要的因素,因为它会对农产品的相应供给造成一定的影响。

一般来讲,农产品生产者数量和农产品供给属于一个同方向的关系。假设在其他情况不变的条件下,如果农产品生产者越多,那么相应的农产品供给数量就会越多;如果生产者数量越少,农产品供给的数量就会越少。

(四)农产品的商品化程度

农产品的商品化程度,比较有一定的理解难度,具体是指农业生产者对于生产的农产品能够在多大程度上进行相关的出售,提供给消费者。

(五)农产品生产者对未来价格的预期

如果生产者和经营者根据对未来价格上升的预期,就会进行一定程度上的囤积行为,那么关于本期农产品的供给数量或有所减少,而对于未来农产品的供给数量而言,会相应地增加;相反,如果生产者和经营者根据对未来价格下降的预期,那么,毫无疑问,本期农产品的供给数量会有所增加,而至于未来农产品的供给数量则会相应有所减少。

(六)政府的法令和宏观调控政策

比如在一些农业相对发达的国家,为了尽量减少农产品过剩的现象,政府会根据具体情况对生产采取相关的政策。在生产受到相关限制的政策下,农业生产者就必须按照政府下达的产量配额进行生产,不能超量生产,如此一来,也就最终使得农产品的供给相应得到了减少。

第二节 农产品的市场与定价

一、农产品市场的概述

(一)农产品市场的组成要素

农产品市场,一般来说,主要是由以下三个最为基本的要素组建而成。

1.交易设施

交易设施,主要包括在进行农产品交换的过程中需要涉及的相关场所,以及相关的冷藏设备和仓库等必要设施。

2.交易物品供给与需求

交易物品,根据其字面意思能够很好地进行理解,具体是指用于进行交换的商品,这对于卖主和买主有着不同的意义。对于卖主来讲是普通的商品——农产品,对于买主来讲是有特殊意义的商品——货币。要想实现交易,需要同时存在交易物的供给与需求,只有这样,才能进一步实现。

3.交易人

农产品交易人,也就是指专门从事农产品交易的相关当事人。具体包括生产者、消费和使用者以及中间商。

(二)农产品市场的特点

农产品市场有着属于自己独有的特点,具体表现在以下的几个方面。

1.交易的产品具有生产资料和生活资料的双重性质

有关农产品市场上的农副产品,它们有着不可忽略的作用。

一方面,它们可以作为生产资料为生产单位进行适当的提供,如在进行农业生产过程中用到的种子、种畜和饲料以及工业生产用的各种原料等。

另一方面,在人们的日常生活中,农产品作为不可或缺的必需品,主要由农产品市场予以供应。

2.具有供给的季节性和周期性

农业在生产过程中,具有一定的季节性,货源受到季节的影响,农产品市场的货源往往会伴随着农业生产的季节而有相应的变动,尤其是针对一些比较鲜活的农产品,在进行采购和销售的过程中,都要讲究实效性,及时进行。

农业生产除了有季节性的特点,还有周期性的特点,其供给的情况会在一年之中出现淡季、旺季之分,数年之中有丰产、平产、欠产等各种情况出现。

因此,在对农产品进行供应的过程中,最重要的工作就是维持均衡的供给,而维持均衡供给的前提就是把有关季节性、周期性的矛盾问题很好地解决掉。

3.市场风险比较大

由于农产品具有一定的生命力,所以无法避免腐烂、霉变和病虫害等问题,尤其是在进行运输、储存、销售的过程中,特别容易造成不可想象的损失。

因此,要想使这种风险有所降低,必须采取相关的应对措施,农产品市场营销必须有很好的组织,使得流通时间尽量缩短。

4.现代市场与传统小型分散市场并存

农产品的有关生产分散性比较大,农产品在进行集中交易时具有地域性特点,通常采用集市贸易的形式,规模小而且分散。而在大中城市、交通枢纽等地,则有规模较大的现代化农产品市场,如现代化的批发市场、期货市场、超级市场等。

综上所述,农产品市场所具备的这些特点,使农产品的市场营销具有自己的规律和特点。在市场营销活动中,必须要按照客观规律自觉地指导自己的生产经营活动,这样才会在经营上有预期的效果出现。

二、农产品市场的细分

所谓农产品市场细分,就是根据农产品总体市场中不同地域的消费者在需求特点、购买行为和购买习惯等方面的差异,把农产品总体市场划分为若干个不同类型的消费者群的过程。每一个消费者群就是一个细分市场,即子市场。

(一)农产品市场细分的意义

对农产品的市场进行相关的细分,对于农产品营销有一定的益处,具体内容如下。

1. 有利于企业寻找好的市场机会, 开拓新市场

通过对农产品市场进行相关的细分, 有利于企业针对农产品市场的状况有效地深入分析和了解, 对于不同消费者的购买水平和购买行为进一步地做出研究, 寻找和发现新的市场机会。

2. 有利于企业集中使用有限的资源

企业可以根据目标市场的选择, 将有限的人力、物力、财力集中使用在一个或几个农产品的子市场上, 有的放矢地对市场营销进行开展, 这样的话, 既有利于在细分市场上能够对竞争对手有一个详细的了解, 也可以使本企业的优势得到充分的发挥, 使得自身竞争能力有所提高, 取得较好的经济效益。

3. 有利于企业有针对性地开展市场营销活动

在进行市场细分的基础上, 可以从较小的细分市场入手, 有针对性地开展市场营销, 这样做的好处, 就是市场信息能够得到及时的反馈, 企业也能够轻易根据消费者的需求特点变化, 对于农产品的结构、价格等及时进行调整, 从而使销售量进一步扩大, 让消费者花出的每一分钱都物有所值, 能带来最大的利润回报。

(二) 农产品市场细分的步骤

对于农产品市场进行细分的详细步骤如下。

1. 调研阶段

所谓的调研阶段, 就是通过各种各样的合理方式, 对于消费者的需求、动机、态度和行为进行进一步调查了解, 有利于市场细分的顺利进行。

2. 分析阶段

至于分析阶段, 就更容易理解了。当对消费者的需求、动机、态度和行为有了详细了解之后,根据所收集来的各种资料进行适当的分析。

3.细分阶段

到了细分阶段,就是把调研阶段和分析阶段的所有资料综合在一起,进行适当的整合之后,再选择一定的细分变量,进一步对市场进行细分。

(三)农产品市场细分的标准

关于对农产品市场进行细分,其标准有很多种,这里列举一些最常用、最重要的几点进行说明。

1.地理因素

农业企业或农产品营销组织在对消费者市场进行细分的时候,可以根据消费者所在的地理位置适当进行。其中,采用的主要理论依据是:消费者处在不同的地理位置,相对应地对农产品也会有着不同的需要和偏好。例如,根据中国不同地区对大米的不同需求,大米市场可以被细分为东北、华北、华中、华南等子市场。

有关农产品市场细分的地理变量主要是国家、地区、气候带、地形地貌等,俗话说"一方水土养一方人""靠山吃山,靠水吃水",其实里面都蕴含着地理位置对人们食物消费偏好的影响。

2.人口因素

构成市场最主要的因素就是人口,它与消费者有着较为密切的关系,其中包括对产品的需求、爱好、购买特点以及使用频率等。由于人口变量比其他变量更容易进行测量,所以人口因素可以作为企业细分农产品市场的一个重要标志。例如,根据年龄段可以对市场进行细分,分别为老年人市场、中年人市场、青年人市场和少年儿童市场;根据性别来分则更容易,可以分为两大市场,分别是女性市场和男性市场；根据职业的范围可以分为工人市场、农民市场、教师市场、官员市场、家庭主妇市场等。

在以上这些提及的影响市场的小变量中，相对比之下，年龄与性别变量有着较小的影响力，而影响力较大的主要是收入与受教育水平等其他诸多变量。在其他变量相同的情况下，收入与受教育水平越高，那么相对的消费者在有关营养、质量与安全方面就会特别地注重，可以根据这一特征构成质量与价格相匹配的差异性细分市场，如"有机农产品""生态农产品"对于那些收入高并偏好优质产品的消费群体就特别适合。而当公众在环境污染、生态恶化等对人体健康的影响方面较为关注的时候，"绿色农产品""清洁农产品"等细分市场会更容易吸引消费者的注意。

3.心理因素

心理状态也是较为重要的一个因素，消费者的购买取向往往受到心理状态的直接性影响，特别是生活条件不错、比较富裕的一些地方，对于人们来说，购买农产品不仅仅是为了使基本生活需要得到一定的满足，而在进行购买时心理因素的作用更为突出。针对这一状态，企业就可以有针对性地按照消费者的性格、爱好、生活方式等一些较为重要的变量来进行细分产品市场。所谓"萝卜青菜，各有所爱"，强调的就是心理变量对购买行为的一种深刻影响。

一般而言，对于消费者来说，他们的需求具有被诱导的特点，针对这一特点，企业就可以采取一些正当合理的措施对人们的购买欲望进行刺激，进一步促使其做出相应的购买行为。例如，针对农产品在生产过程中受到多重污染的信息和政府的相关政策措施进行频繁的公布，就会在一定程度上对消费者的意识形成足够强烈的刺激，使消费者对相关的销售方式与农产品质量的保证程度引起关注，这同时也就为超市农产品的销售提供了一个市场机会。

4.行为因素

在农产品市场细分中,还有一个重要因素就是行为因素。在农产品相对过剩、消费者收入不断提高的市场条件下,这一因素显得更加重要、不可或缺。这类因素是根据消费者对农产品的知识及对销售形式的感应程度等来细分农产品市场的。例如,根据消费者追求的利益,可分为追求质量、经济、服务、舒适、耐用等;根据消费者的忠诚度,可分为无忠诚、一般忠诚、强烈忠诚、绝对忠诚等。

品牌,可以说是在行为细分变量中,对农产品消费者影响最大的因素。农产品加工市场中品牌效应作用巨大,如液态奶市场中的"蒙牛""伊利"等都有一定的消费者忠诚度,然而他们在一定程度上又有着差异,因此形成了各自的细分市场。

另外,生活水平的不断提高和对生活品质的不断追求,使人们对农产品质量的要求也越来越高。蒙牛集团推出的"特仑苏"系列产品就很好地顺应了这种形势,使消费者对高品质、高营养牛奶的需求得到了满足。

三、农产品目标市场的选择

(一)农产品目标市场及其条件

能够进行有效选择并进入目标市场是农产品进行细分的一个目的所在。农产品目标市场,具体是指农业企业或农产品营销组织决定进入并为其服务的农产品市场。

在对农产品目标市场进行选择的时候,一般是以市场细分作为基础,选择某一个或者几个细分市场作为具体的营销对象。但需要注意的一点是,并不是所有的细分市场都能作为企业的目标市场,作为目标市场是有条件的,只有条件符合才可以。一般来说,目标市场应具备以下几个条件。

1.要有适当的规模和需求量

作为农产品的目标市场来说,应该具有以下两方面的具体内容。

(1)具有一定的规模,因为农业企业在进入一个新市场的过程中,需要相当高的成本,这就要求其应该具有一定的市场规模,如果市场规模不是特别的大,那么对于企业而言,进入市场的收益还不够补偿投资的话,这样的子市场就没有开发价值。

(2)市场上要存在一定的现实或潜在的需求量,只有有了现实或潜在的需求量,企业才有可能向市场提供相当数量的农产品,使消费需求得到满足的同时并从中获取一定的利益。

2.要有一定的购买力

当消费者具有了现实的购买力时,那些没有被满足的需求才会相应地变成现实的需求,构成一个现实的市场。所以,对于企业来说,只有进入了现实的市场以后,才能得到足够的销售收入。

因此,在对目标市场进行确定的时候,首先要对消费者的购买能力进行合理分析,只有对消费者的购买能力进行了合理的分析之后,才能明确下一步的动态,对于一些不具备购买力的市场,尽管有潜在的需求,也不能作为目标市场。

3.未被竞争者完全控制

企业在对目标市场进行确定的时候,除了要对市场规模、需求状况和购买力进行深入研究之外,还要针对竞争对手在该市场上的经营状况进行分析和详细的掌握,尤其要对竞争对手使用的相关经营战略做出考虑。

只有该市场没有受到竞争对手的完全控制之下,企业才有可能进入市场后使自身的优势得到充分发挥;如果竞争者在表面上对市场进行了控制,而本企业实力相对雄厚,则依然可以设法挤进这一市场参与竞争,以竞争与协作并举,配合公关和行政等手段,力争在市场上占有一定的份额。

4.营销者应具备相应的经营实力

作为目标市场,除了应具备上述条件外,对于企业自身的经营实力也不能过于忽视,而是应该严加考虑。只有具备了营销者的人力、物力、财力以及经营管理水平等条件时,才能将子市场进一步作为目标市场。

(二)农产品目标市场策略

企业选择的农产品生产范围有所不同,其目标市场的营销策略也有所区别,一般来说,有以下三种类型。

1.无差异性市场营销策略

这是指企业在进行市场细分后,并没有对各子市场的特性差异进行周全的考虑,而只是对各市场需求方面的共性进行了相关的注意,把所有子市场即农产品的总体市场看作是一个大的目标市场,只生产一种农产品并制定单一的市场营销组合,力求在一定程度上适应尽可能多的顾客需求。

这种策略既有它的优点又有它的缺点,优点是:

(1)关于生产、储存、运输和销售可以大批量地进行,因而对于单位农产品的成本来说相对较低。

(2)不用进行细分市场,有着较为简单的经营方式,营销费用也相对较低。

这种策略的缺点是:

(1)对于农产品相对过剩情况下消费者需求的多样化很难做到满足,生产者的产品相对单一,在市场需求尚未得到满足的情况下,会引来众多的竞争者,以致造成竞争过度。

(2)由于企业对于单一产品过分依赖,企业市场适应能力相对较差,市场经营风险较大。

这一策略对于粗放型的经营者来说,更为适合。

2.差异性市场营销策略

这个策略具体是指企业针对各细分市场中消费者对农产品的不同需求,生产不同的农产品,并采用不同的营销组合,以对不同子市场的需求进行相关的适应。一般来说,从事多种经营的大型农业企业比较适用于这种策略。

差异性市场营销的优点是:可以生产多种农产品使不同的消费者需求得到相应的满足,有利于农产品的进一步销售,使得企业的总销售量得到扩大,从而使销售收入和利润有所增加。其缺点是:生产过程较为复杂,投资较大,单位农产品成本相对较高,营销费用高。

在农产品相对过剩,特别是低质农产品过剩、优质农产品不足以及农产品销售困难的情况下,是非常有必要实施差异性市场营销策略的。

3.集中性市场营销策略

具体是指企业集中全部的力量,只选择一个或少数几个子市场作为目标市场,对于一种较为理想的农产品进行相关的生产,实行专业化生产和营销,试图在较少的子市场上拥有较大的市场占有率。一般来说,资源条件较差的企业或农业生产者比较适宜这种策略,如开发特色农业、生产特色农产品。

集中性市场营销策略的优点是:有利于迅速占领市场,使新产品的知名度和市场占有率得到相应的提高,使营销费用有所节省,与此同时,也能获得较高的投资利润率;在消费者对该产品有了一定的信任和偏爱时,便可以乘胜出击,迅速扩大市场范围。其缺点是:市场范围较为狭窄,新产品单一,市场应变能力差。因此,面对这些不足,对于市场的动向要随时密切关注,对未来可能发生的意外情况进行充分的考虑,防患于未然。

这种策略和模式是农产品生产中普遍存在的目标市场选择模式。

（三）选择目标市场策略应考虑的因素

由于不同的目标市场策略在利弊方面也有所不同，因而对于企业来说，在对相关的策略进行采用的时候，应该根据具体情况进行综合权衡，做出正确的选择。营销者在针对目标市场策略进行选择时，必须考虑下面相关的几种因素。

1. 企业实力

在对目标市场的策略进行选择时，必须考虑的一个首要因素就是企业自身的实力。如果企业实力相对来说较强，就可采用无差异市场营销策略或者差异性市场营销策略；如果企业实力相对较弱，则应采用集中性市场营销策略。

2. 产品的市场生命周期

产品的市场生命周期在不同阶段，对于目标市场策略的选择也会有相应的影响。在投入期，市场上的产品相对较少，竞争者也相应较少，此时应该以采用无差异性营销策略或集中性营销策略为主；在成长期和成熟期，进入市场的产品就相对增多，竞争者也比较多，此时应采用差异性营销策略；进入衰退期后，为保持原有的市场，延长产品生命周期，则应以集中性营销策略为主。

3. 竞争状况

企业在对目标市场进行选择的时候，对于竞争者的情况也是需要考虑到的。通常来说，竞争者少，可采用无差异性市场营销策略；竞争者多，竞争激烈时，应选择差异性营销策略或集中性营销策略。

在农产品相对过剩的时期，由于传统的无差异性营销策略致使农产品销售困难，竞争激烈，选择差异性市场营销策略或集中性营销策略有利于缓解竞争的压力。

4.市场特点

为消费者提供相关服务并争取顾客是企业进行选择目标市场策略的最终目的。因此,企业在对目标市场策略进行确定时,顾客购买农产品的行为特征是必须要着重考虑的因素。

在农产品市场,由于普通农产品相对过剩,顾客对优质农产品和特色农产品则有特殊的需求,此时实施差异性营销策略或集中性营销策略是较为可行的。

5.市场营销宏观环境

一方面,国家实施的宏观政策对人们的消费行为有一定的影响;另一方面,国家政策对农产品市场的影响也是较大的。

因此,在进行目标市场策略的相关选择时,农产品市场营销的宏观环境也是需要考虑的。

四、农产品定价的目标

农产品定价的目标,实际上就是对农产品生产经营目的的具体化和数量化,确定定价策略和定价方法的重要依据主要围绕农产品定价目标进行。农产品的定价目标包括以下几种。

(一)以追求利润最大化为定价目标

利润最大化,就是指生产经营者在一定时期内可能获得的最高盈利总额。不过,需要清楚的一点是,所谓的利润最大化,要正确地去理解,不能歪曲其本意,具体是指一定时期内利润总额的最大化,而不是单位产品的利润最大化,因此通过定价追求利润最大化,并不等于制定最高价格。

对于许多经营者来说,他们为了快速地取得市场利润,往往喜欢制定高价,然而这种形式只适合在经营者对新产品刚刚推出的时候,因为推出新产品时,制定高价可以让消费者感到理所当然的物有所值。但是这个过程并不能永远持久,当市场竞争激烈,产品销售量下降时,就应该及时降低产品价格来吸引更多的消费者,薄利多销使盈利总额有所增加。

(二)维持或提高市场占有率为定价目标

市场占有率,其实是对营销者生产经营状况和产品竞争力状况的一个综合反映。可以这样说,生产经营者的命运取决于市场占有率的大小。因此,营销者普遍采用的定价目标就是对市场占有率进行适当的维持或提高。

为了使市场占有率能够得到适当的维持或有所提高,生产经营者需要有一定的对应策略,在较长一段时间内使价格处于一个较低的状态,面对竞争对手的进攻能够很好地进行应对,使其农产品的销售量和销售额保持一个稳步增长的状态。

实践也证明,伴随着高市场占有率的往往都是高利润。因此,扩大市场的相应占有率,从一定程度上来说,具有一定的长远意义。

(三)以适应竞争为定价目标

在有关市场竞争中,经营者在针对自己的产品进行相应的价格制定时,常常对竞争者的价格都会十分敏感。因此,也就难免会出现采用高于、低于或等同于竞争对手的价格的一些相关策略。但经营者最后究竟采用哪一种价格,往往还要取决于经营者自身的条件。

实力较弱的经营者,应该根据自身的情况制定与竞争对手相同或低于竞争对手的价格;经营者实力若是较强,同时还有扩大市场份额的想法,则在制定价格时应该低于竞争者的价格;至于那些实力雄厚,在市场上具有明显竞争优势的经营者,可以制定高于竞争者的价格。

(四)以稳定价格为定价目标

通常来说,在市场竞争和农产品供求关系比较正常的情况下,要想避免引起不合理的价格竞争,使生产始终保持一个稳定的状态,就应该采用以稳定价格为目标的定价策略,这类经营者一般在本行业中占有举足轻重的地位,左右着市场价格,其他的经营者往往采取跟随策略。

(五)以维持生存为定价目标

采用以维持生存为定价目标,通常是经营者深知自己处于不利的市场环境中,进一步实行的一种缓兵之计,然而这种目标不是长久之计,只能是短期内的一种策略。

当然,在这一时刻,利润对经营者而言,已经不是那么重要了。这一期间,经营者会通过适当降低价格,使销售量有所保持,只要产品价格能对变动成本和部分固定成本进行相应的弥补,经营者就可以继续坚持下去,维持生存。一旦市场环境出现好转,它将立即被其他目标所取代。

(六)以树立产品形象为定价目标

产品在消费者心目中的形象,构成了生产经营者的无形资产,以树立产品形象为定价目标,经营者可以获取意想不到的效果。

在针对这一目标进行实现的时候,需要把多种营销策略与价格策略综合运用起来,使它们相互配合,这样的做法,不仅能够使价格水平与消费者对价格的预期彼此相符,而且力求使这一信息得以广泛传播,如绿色食品、保健食品等优质农产品,宜实行较高价格,树立高品质市场形象。

五、农产品定价的程序

在对定价目标有了较为合适的选择以后,就要针对各种因素进行综合考虑,对农产品市场需求、成本、市场竞争状况进行测定,最后运用科学的方法对产品价格予以确定。

（一）测定市场对该产品的需求状况

在市场对该产品的需求状况进行相关测定时，对于那些供不应求的产品，可以把定价相对调得稍高些；对于那些供需正常者，定价就可以稍低一些，这样才会更好地吸引需求，使市场占有率有相应的提高。

在对市场需求进行测定的时候，进行深入细致的市场调查是必不可少的环节，正确估计价格变动对销售量的影响程度，从而为后续定价的顺利进行提供依据。

（二）测算成本

在农产品的价格构成中，定价的基础围绕成本而进行，成本所占比重是最大的。要根据成本类型，针对不同生产条件下生产成本变化情况进行全面分析，对不同营销组合下的农产品成本进行适当的估算，以此作为定价的重要依据。

（三）分析竞争者的产品与价格

了解消费者对其产品与价格的态度，是预测竞争者的反应，对竞争者产品与价格的最好分析。与此同时，对市场上同一产品竞争者可能做出的反应进行重点的调查分析，以及替代产品的一系列生产等情况。

（四）确定预期市场占有率

定价的方法和相关策略的选择，始终受到产品生产占有率状况的相关影响。因此，在对产品进行定价之前，必须进行全方位的调查研究，对于本企业产品的市场占有率有一个明确的确定，并根据自己的实力大小，相应地选择价格策略。

（五）选择定价方法，确定最终价格

在上述工作全部完成之后，产品价格的大致区间基本可以确

定。对于产品的成本来说,它是价格的最低限,产品的上限取决于消费者的需求和竞争者的价格。然后,再对市场环境中的其他因素进一步考虑,如国家的政策法规、消费者心理的影响等,选择合适的定价方法,确定出最终价格。

六、影响农产品定价的因素

(一)产品成本

产品成本,实际上就是指生产经营者为某产品所投入和耗费的费用总和。产品成本是构成产品价格与价值的主要组成部分,所以产品成本是价格制定的下限,如果没有特别恶劣的价格竞争环境和其他情况出现,定价不会跌破成本。对于产品成本结构做到清楚的了解,有利于进一步的定价。

(二)市场供求关系

引起产品价格变化的外在主要因素是市场供求的状态。农产品市场供求与价格的关系同样遵循一般产品市场的规律,当市场上供大于求时,农产品价格就趋于下降;当市场上出现供不应求的状况时,农产品的价格就自然会上升。这一点,在蔬菜、水果方面表现尤为明显。

(三)需求价格弹性

需求价格弹性,是指单位价格变化引起的需求量的一个具体变化程度。需求量受价格变化影响大的,叫作需求价格弹性大,又称为富有弹性;反之则叫作需求价格弹性小,或称为缺乏弹性。

(四)目标投资收益率

一般而言,对于每一个生产经营者来说,他们在进行相关的经营活动时,都会有一定的利润目标去追求,这些目标通常是以投资收益率或资产收益率来评估的。

农产品生产经营者可供选择的利润目标一般有三种：长期利润目标、最大当期利润目标以及固定利润目标。

（五）消费者对产品的认知

关于消费者对产品所持有的认知价值，对他们所能接受的价格有重大影响。当他们自己对产品的认知价值较高时，较高的价格是容易被接受的；相反，价格高时，他们会拒绝接受。

想要建立好一个产品的认知价值，前期的工作是不能缺少或忽视的，经营者需要进一步做好营销工作，只有产品形象建立起来，那么消费者对产品的认知价值才会相应地有所提升。如寿光地区的绿色蔬菜在这方面的成功经验就很值得借鉴。

第三节 农产品营销与农业物流

一、市场营销的概述

现代市场营销概念认为，市场营销应该在企业生产产品前就必须开始，当然在这期间，做好前提工作是不能缺少的环节，这就需要对市场进行深入调查与预测，具体分析和研究消费者和顾客的需求，把企业自身具备的优势和实际情况做到一个好的结合，在有了这些基础之上，开始对产品进行相关的设计和研发，针对产品以后的营销策略予以确定，顺利地把产品销售出去，被消费者和顾客所接受。出售产品之后，整套程序还没有结束，还需要开展相关的售后服务，搜集消费者的反馈意见，以满足消费者的需求。

现代市场营销，从一定意义上来说，只能把市场看作企业生产与销售的一个出发点，而不是最终点。

二、农产品市场营销及其职能

(一)农产品市场营销的含义

农产品市场营销,具体是指农产品生产和经营的个人和组织,在农产品从农户到消费者流程中,实现个人和社会需求目标的各种农产品创造和农产品交易的一系列活动。

它相比农产品营销而言,概念更为广泛,农产品市场营销要求相对严格一些,对于农产品相关的生产经营者来说,除了要对人们的现实要求进行相关的研究,对于人们对农产品的潜在需求也需要进行研究,并创造需求。

总而言之,市场需要什么,农户就生产什么,什么产品赚钱,我们就生产什么。农产品营销中的产品创造和交易活动,就是要通过市场机制,通过价格引导,使人们的需求得到满足,从而进一步使社会的需求得到满足。

(二)农产品营销的职能

农产品营销职能,归根结底就是企业在农产品营销活动中的基本任务。

1.集货职能

集货职能,顾名思义就是指原料和商品集中的职能。由于农产品在生产的过程中分散性较大,而且距离农产品市场和加工企业的生产领域有着一定的距离,因此把农产品集中到一起,对市场交易和农产品加工都有着十分重要的意义。

2.分级职能

由于农产品营销中的标准化得到广泛推行,也就导致农产品在收集过程中,需要经过适当的分级。从一定的意义上来说,对农产品进行分级,有一定的益处,可以促进优质优价,能够使不同层次的消费需求都得以满足,使农产品加工原料的品质、规格的标准化能够有所保证,也在一定程度上减少了农产品加工的难度。

3. 储藏职能

对于多数农产品而言,它们的生产都具有一定的季节性,而农产品的消费具有持续性,这就需要采用相关的措施,使农产品得以持续性消费。采用储藏设施和先进的储藏方法进行吞吐,可以保证农产品品质,满足人们的长期消费。

4. 加工职能

市场营销的加工职能,丰富了农产品的表现形式,例如肉食品加工,鲜肉变成零售商店里各种形式的火腿肠、肉罐头等加工品;谷物则可经过碾磨并加入其他配料制成各种糕点、饼干等。

而且,加工职能在繁荣地方经济、促进农民增收、带动农户致富、转移农村剩余劳动力等方面的作用也日益明显。

5. 包装职能

商品在包装方面是特别讲究的,对于农产品而言,也不例外。适当的包装可以带来预料之外的收益。农产品进行适宜的包装,不但在运输过程中比较便捷,在进行消费的时候也是有一定的优势的。除此之外,包装还可以使农产品得到相应程度的保护和美化,而且可以使其大小适宜,方便使用。

在现代的营销中,包装已经不再是仅仅为了便于运输、美观和保护,从更深层的意义上来说,它能使产品的竞争力有所提高,使农产品通过包装设计形成品牌效应,刺激消费者的购买力。

6. 运输职能

运输,说到底,它的作用是使农产品的空间位置有所改变。

农产品运输几乎把农产品营销系统的所有环节都连接到了一起，从农产品的集中到最终产品的消费。

7.分销职能

分销，顾名思义，是通过不同的销售渠道和方式，将农产品分配到零售商和消费者手中的职能。农产品分销渠道由经销商、代理商、批发市场、城市销售市场、直接采购于产地的超级市场等构成。它们组成了一个完整的农产品营销网络。

分销属于农产品营销的中间环节，它与农产品的零售环节直接连接在一起。而对于零售而言，它是农产品流通的终端，它直接连接消费者。

8.消费者服务职能

消费者服务职能是农产品营销职能的一个新发展。主要强调的是市场营销者对消费者的一个服务，在把农产品销售给消费者之后，市场营销者还必须为消费者提供必要的消费服务。

随着买方市场的到来，消费者服务职能日益成为农产品营销的一个重要且必然的趋势。

三、农业物流的分类

农业物流主要是生产性物流。根据农业物流的管理形式不同，可以将农业物流分为以下三个方面。

（一）农业供应物流

为了保证农业生产的持续性，使农村经济发展有所保障，对农村生产所需生产资料的物流进行供给和补充。农业供应物流，主要是指农业生产资料的采购、运输、储存、装卸搬运。

农业生产资料包括种子（种苗、种畜、种禽）、肥料、农药、兽药、饲料、地膜、农机具以及农业生产所需的其他原料、材料、燃料等,包括电力资源和水利资源。

(二)农业生产物流的特点

我国农业生产物流的特点,具体如下。

(1)农户小规模进行分散生产。

(2)由于受到自然条件的制约和影响,农业生产产量不是特别的稳定,农产品品质有着很大的差异。

(3)农业生产具有一定的季节性和地域性。

(三)农业销售物流

农业销售物流,就是农产品的加工和销售行为所产生的一系列物流活动,包括收购、加工、保鲜、包装、运输、储存、配送、销售等环节。

与工业品相比,农产品的特点在于:

1.易腐性

对于农业产品来说,属于生鲜易腐产品,寿命期较短,保鲜较为困难。

2.笨重性

农产品的单位价值较小,数量品种较多。

3.品质差异大

由于难以对自然条件进行控制,农业生产受到的影响极大,即使按统一标准生产的农业产品质量也会存在一定的差异。

4.价格波动大

农产品的价格,不是特别的稳定,在一年、一个季节,甚至是一天之内也可能有频繁、大幅度的变动。

由于上述相关的农产品特性不一,在管理上有一定的难度,因此在对农产品物流进行管理的储存、运输、包装、装卸搬运、配送等也都增加了难度。

四、农业物流的范畴与分类

长期以来,农业的产出物——农产品,在农业生产经营和物流中一直属于被关注的焦点,并有一种直观的理解把农业物流与农产品流通过程中的包装、运输、储存和装卸过程等同起来,这种理解存在一定的片面性,无论是从物流对象还是从物流服务的范畴上,对于中国农业物流的全貌都不能做到一个很好的反映,这是因为这种理解在某种程度上对农业的投入物有了忽视——农业生产资料的相关物流。

(一)根据农业物流的流体对象分类

根据农业物流的流体对象,农业物流可以大致分为两大类。

1.农业生产资料物流

农业生产资料物流是农业生产过程所必需的农业生产资料的生产、储运、配送、分销和信息活动中所形成的物流。它是以农业生产投入物为对象的物流,它涉及种苗、饲料、肥料、地膜等农用物资和农机具的生产与物流规划、农业生产资料使用和市场的信息服务。

2.农产品物流

农产品物流是以农业产出物为对象形成的物流,根据农产品的分类又包括:粮食作物物流;经济作物物流;畜牧产品物流;水产品物流和林业产品物流。

农业物流是以满足顾客需求为目标,对农业生产资料与产出物及其相关服务和信息,从起源地到消费地有效率、有效益的流动和储存进行计划、执行和控制的全过程。

（二）根据农业生产过程的主要阶段和物质转化分类

根据农业生产过程的主要阶段和物质转化，农业物流应分为四种类型。

1. 农业产前物流

农业产前物流与农业生产过程所必需农业生产资料准备直接相关，它是农业生产资料的生产、储运、配送、分销和信息活动中所形成的物流。主要涉及种苗、饲料、肥料、地膜等农用物资和农机具的产前准备，也涉及农业生产资料使用和市场的信息服务。

2. 农业生产物流

农业生产物流是在农产品种养殖活动直到农产品产出过程中，因生产要素配置和运用而形成的物流。由于中国农业生产是以一家一户的小生产形式为主，所以一般农业生产物流的地域有限，物流单一，流量较小。

3. 农产品流通物流

农产品流通物流是以农业产出物为对象，通过农产品产后加工、包装、储存、运输和配送等物流环节，使农产品保值增值，最终送到消费者的手中。

由于农产品本身特质，以及产销地域广阔分散的特点，所以针对农产品物流规划、方式和手段，要求相对较高，农产品流通物流是目前农产品实现市场价值的关键环节。

4. 农业废弃物物流

农业废弃物物流，就是在农业进行生产和农产品流通直到消费的一系列过程中，对产生的废弃物、无用物和可回收物的相关处理过程。

五、中国农业物流的基本特征

（一）农业物流涉及面广量大

农业物流的流体包括农业生产资料和农业的产出物，基本涵盖了种苗、饲料、肥料、地膜等农用物资和农机具，以及种植业、养殖业、畜牧业和林业等，物流节点相对较多，在结构上比较复杂。

（二）农业物流具有独立性和专属性

由于流体——农业生产资料和农产品的生化特性，使其与一般物流的流体有一定的区别，所以农业物流系统及储运条件、技术手段、流通加工和包装方式都具有自身的独立性，而有关于农业物流的设施、设备和运输工具也具有一定的专属性。因此，处于起步阶段的中国农业物流所需投入大，发展较为缓慢。

（三）保值是中国农业物流发展的核心

由于中国农业物流的发展水平相对来说较低，每年农产品在物流和流通环节的损耗巨大，因此对于农业物流的流体与载体等其他要素进行匹配、运用物流技术使农产品在物流过程中有效保值，是当前相比农业物流增值而言更为重要的一个核心问题，减少农产品物流和流通损失应该放在与农业生产同等重要的地位。

第五章 现代农业的国际化

随着全球化的迅猛发展,各种生产要素以极快的速度在跨国间流通,其凭借本身的开放性为特征的国际化也组成了现代农业的重要内容。中国在 2001 年加入了世界贸易组织(The World Trade Organization,WTO),农业部门也纷纷打开了大门,其自身的开放性和国际化俨然已经成为中国现代农业所必须亲身面临的环境。所以,探讨现代农业的国际化,对于中国的农业发展有着十分重要的理论和实践意义。本章节从三个方面来阐述现代农业的国际化,分别是:经济全球化、WTO 与中国农业发展,我国农产品的国际贸易以及农业国际竞争力。

第一节 经济全球化、WTO 与中国农业发展

很多学者有这样的观点:全球化是一种历史进程。而国外有的学者持有这样的观点,全球化最重要的标志体现在国际贸易的迅速猛烈的增长。其实,不管如何定义经济全球化,它对中国的农业发展都有着十分重要的意义。自从中国加入了 WTO,WTO 也对中国的农业发展有着重要的影响。

一、经济全球化

(一)经济全球化的概念

经济全球化概念是由经济合作与发展组织(Organization for

Economic Cooperation and Development，OECD)前首席经济学家奥斯特雷首次提出来的，主要指的是生产要素和商品在全世界范围内广泛地流动着，是完成资源最佳配置的一个过程。自从20世纪90年代以来，全世界各个国家给予经济全球化极大的关注和热情，很多专家学者也纷纷将经济全球化的内涵从各个方面进行概括、总结。一般情况下，我们认为，经济全球化能够使各国的经济资源跨越时空、跨越国界的限制，通过极大的全球范围，进行大规模的流动和配置，有效地使世界各国经济在诸如生产、交换和消费等各个环节中有着更加紧密的联系、交流。

（二）经济全球化的形成

最近几十年来，信息网络技术的飞速发展极大地推动了经济全球化的形成。由于我国有着众多的人口，自从实行改革开放以来，我国的经济也得到了飞速发展，人民生活水平也得到了极大的改善，尤其在高新技术领域里，进一步开拓、拓展了广阔的市场。在世界范围内，大部分发展中国家主要凭借处在初级阶段的劳动密集型产品或服务与少部分发达国家进行贸易往来，这种体现不平等原则的格局深深地伤害了以中国为代表的广大发展中国家的经济利益。究其原因，造成这种不平等局面一方面体现在发达国家有着优越的、发达的、发展中国家不能望其项背的科技水平和经济实力；在另一方面也体现出广大发展中国家认识到本国的实际情况想迫切进行改革与调整，从而能够改变贫穷落后现状的一种美好愿望。广大发展中国家有着众多丰富多样的自然资源和初级产品，辽阔又肥沃的土地是这些发展中国家发展农业产业的基础；农业产业的进一步细分与升级也为发展中国家提供了良好的机遇。发展中国家又没有发达国家从开始的工业经济向后来的知识经济转型的这一良好条件，所以不可能在工业产业和高新技术行业里享有优势。辽阔又肥沃的土地是发展中国家进行发展农业产业的基础部分，怎样进行农业产业化经营，从而使自给自足的自然经济顺利通往国际农业产业市场是改变一穷二白状况的非常重要的课题。如果这个问题不能很好地解决,将会很难去完成经济全球化新体系以及国际经济新秩序。

从客观方面来说,经济全球化需要各个国家的资源都能体现出优势互补,互惠互利;假如某些国家有限范围内的资源优势没有得到充分的利用,但是另外一些国家不但在新兴产业方面,而且在传统的农业产业方面都享有着贸易优势,那么长远的经济全球化模式就不复存在。基于经济全球化的背景之下,发展中国家唯一的获得利益的方法就是得到有效的国际市场信息以及科技情报,尽管在发展过程中也有力地享受到了由于现代人类文明所带来的众多果实,但是享受的同时也必须付出惨重的代价。广大发展中国家也只有凭借建立起一个有效的市场信息和科技情报体系,并且要充分、有力地将自己所有的资源优势发挥出来,才能够在日益激烈的国际市场竞争中立于不败之地。

世界各个国家都已经纷纷意识到:经济全球化可以有力地促进本国经济的发展,在很大程度上提高人们生活水平。但是,怎样来应对这场没有硝烟的战争成了大部分发展中国家所亲身面临的重要的现实问题,所以众多发展中国家都在纷纷探索适合自己国家生存、发展的道路。总的来说,经济全球化是一个动态范畴下的历史产物,在最初的时期,广大的发达资本主义国家处于优势的主导性地位,他们发达的经济和科技实力必然会引领着全世界的发展方向。

(三)经济全球化对中国农业发展的影响

在全球化背景之下,中国的现代农业将会遇到更多严峻的挑战。在这一方面,我们能够从分析 WTO 农业协议的要求将会对中国的现代农业有着怎样的影响力得到充分的论证。

WTO 是基于贸易自由化下的产物,也是在经济全球化中最主要、最重要的载体,也是进行规范、调节当代全球经济贸易关系方面最具有权威性的国际性组织,其有着法人地位。不得不说,WTO 在经济全球化大背景之下,是完成自由化贸易的组织保证,而且自由化贸易也是在经济全球化的背景下最重要的表现形式之一。所以,2001年中国加入WTO后,其农业产品必然也要纳入世界贸易的轨道中来。

WTO有力地拓展世界贸易和服务领域的生产与贸易,能够有效地推动世界贸易自由化的形成。遵循WTO农业协议以及各个缔约国家的要求,必然会对中国现代农业的发展产生更重大、更深远的影响。

1.能够极大地推动中国农业经济体制向社会主义市场经济体制的方向扭转

中国加入WTO后,意味着中国的现代农业将会渐渐地朝向市场经济制度以及农产品自由贸易制度的方向发展,从而可以有效地推动中国的对外经济贸易体制与整个世界经济体制的框架融合在一起,能够更加有力地推动中国现代农业的发展。

2.能够推动中国农业向深层次的方向发展

通过将中国的现代农业与世界农产品市场有效地结合在一起,引进市场竞争机制,也给中国的现代农业带来了重重外部压力,能够有力地推动中国农业产业结构以及产品结构的整顿,进而使中国的现代农业能够朝着高产、优质、高效的方向高速转变,也极大地促进了中国农业由粗放型经营朝向集约型经营的方向转变,进而进一步大大提高了中国现代农业的生产效率以及经济效益。

3.有助于为中国创造一个稳定的有关农产品的国际贸易环境

有效地利用WTO或者是双边贸易谈判机制,一方面来说,可以依据制定多项条款制度有力地促进中国现代农业的发展;从另一方面来说,也可以创新地使用WTO相关的条款说明,联合其他发展中国家来保护自己,从而有效地避免某些经济高速发展的发达国家高人一等地运用贸易保护政策。

4.有效地推动中国农产品市场的多元化

自从中国在 2001 年加入 WTO 以后,中国就可以基于开放的多边贸易体系之下,能够没有任何条件约束、限制地享有 135 个缔约国家所签订的有关多边最惠国待遇制度,也就有效地为中国农产品市场的多元化提供了有利的条件,进而有效地改变了目前情况下,我国在出口领域过度依靠一些国家的被动局面。

5.有助于中国享有农产品贸易自由化所带来的一系列先进成果

基于 WTO 大背景下,经济全球化能够协助中国分享一系列先进成果,尤其是有助于中国分享 WTO 相关的经济贸易领域里的信息资料,进而能够及时、高效地不断调整中国经济结构,并使之朝着符合国际经济格局的方向发展,进而制定出一套科学的宏观农业政策,并有力地提升有关中国农业生产的稳固性,大大地减少盲目性和波动性。

6.有效地促进中国综合、有效地使用国内国际两大市场、两种资源优势,尤其是能够使用外资来有效地引进先进农业技术

目前情况下,中国现代农业基础设施传统落后,现代化程度远远低于发达国家,要有效地改变这种状况,必须要不断加大投资力度。自从加入 WTO 后,中国可以有效地运用外资,以及通过争取到有着众多优惠政策的国际贷款加大农业开发,从而有力地推动中国现代农业产业化进程。因为有很多主要贸易伙伴拓宽了农业贸易保护政策的范围,使得中国现代农产品能够打入发达国家空闲位置的出口市场,这将极大地促进中国农产品出口的增加,尤其是中国农产品的加工品以及纺织服装品方面的大范围增加,进而更进一步有效地推动了中国现代农产品加工业的发展以及加速了棉花、纺织、服装行业的发展。

中国自从加入 WTO,发展也遇得到了某些不好方面的影响。中国自 1992 年以来对于进口农业产品、原料等进行了大幅度降

税,平均税率已降到了 21.2% 以下,如果继续降税,很有可能引起进口农产品涌入国内,冲击中国农业的发展。[①] 中国之所以使用关税措施主要是在进口配额、进口许可方面进行管理,并遵循 WTO 农业协议各个要求,也就有必要做到将其关税化,这就会在很大程度上增大我国现代农产品贸易的难度。从出口补贴方面来说,中国在谈判过程中曾经许诺取消农产品出口补贴,这也会阻碍我国部分农产品的进一步发展。从动植物检疫方面来说,多年来我国已经习惯了过量施用化肥、农药,因此导致有毒残留物质十分严重,一旦当国内标准与国际标准接轨在一起时,也肯定会减少出口数量。而且在某些农产品上,我国严重缺乏,与一些国家相比,处在弱势地位,主要是因为我国依然有着比较低的农业生产率水平,而现代农产品成本不断上涨,以及受到供不应求的影响,导致粮食等主要农产品在国内的价值曾经在一段时间里高于国际市场价格,也导致某些农产品已经失去了比较的优势,极大地挫伤了农民的种粮积极性,也会更进一步涌现出过量的农村剩余劳动力,阻碍农业生产健康、有序地发展。农业贸易自由化所引起的有关世界农产品和原料价格的下降后又上涨,这必然会加大我国现代农产品进口的外汇支出,也很有可能会针对我国农业生产和农产品市场,给予强烈的冲击。因为在目前的情况下,我国平均农业劳动力素质依然比较低下,自从中国加入 WTO 之后,国外的资金和先进的技术,一旦投资到中国农业,就必须要寻找有着比较高素质的劳动力,这样一方面来说,中国人多地少的矛盾依然会存在,依然不能有效地进行解决;从另一方面来说,中国过量的剩余劳动力依然无法给予妥善安排,极大地阻碍了中国现代农业的发展。中国面临着经济全球化与加入 WTO 这把双刃剑,使得中国现代农业在经济全球化背景之下,既面临着良好的机遇,也面临着严峻的挑战,关键在于怎样能够更好地利用各种机遇有效地缓解、化解矛盾和推进发展的众多问题,而达到

---

① 中国农业科技信息网. 经济全球化与中国农业的变革[EB/OL]. http://www. cast. net. cn/zx/zjlt/189553. shtml

这些目标的前提则在于搞明白中国农业发展中究竟存在着哪些主要问题。

二、WTO 与中国农业发展

20 世纪 90 年代以来,国际农产品市场格局有着很大的改变,欧美等国争先恐后地出台了有关农产品国际贸易新策略,从而有力地保障本国的农产品能够保持持续增长的速度发展。我国在 2001 年加入 WTO 后,将要承受来自全球的市场竞争压力,既面临着各种前所未有的机遇,也有着众多严峻的挑战。

(一)WTO 的九大基本原则

1. 无歧视待遇原则

所谓无歧视待遇原则,指的是各个国家在进行国际贸易时,不能对其他国家实行歧视性待遇。任何一个国家都不能给予另一个国家特殊的贸易优惠或者是对其进行歧视。

2. 最惠国待遇原则

所谓最惠国待遇原则,指的是加入 WTO 的任何一个国家在给予任何第三方国家特别的优惠和豁免时,也必须自动给予其他成员国同样的优惠和豁免。

3. 国民待遇原则

所谓国民待遇原则,指的是各个加入 WTO 的成员国之间做到相互保证另一方成员国的自然人、法人和商船在本国领域里享有与本国的自然人、法人和商船一样的待遇。

4. 透明度原则

所谓透明度原则,指的是各个加入 WTO 的成员国应该真实有效地实施有关对进出口货物造成影响的销售、分配、运输、保险、仓储、检验、展览、加工、混合或者是进行使用的有关法令、条例,一般援助引进的司法判决以及行政决定,以及加入 WTO 的任何一个国家政府与加入 WTO 的另外一个国家政府机构间建立起来的对国际贸易造成影响的政策,必须迅速、及时地给予公布。

5. 贸易自由化原则

所谓贸易自由化原则,是指对于所有对国际贸易正常开展与运行造成妨碍、阻止的事情,应该给予及时的限制和取消,如法律、法规、政策和措施等,从而有效地推动国际贸易的正常发展。

6. 市场准入原则

所谓市场准入原则,指的是加入 WTO 的任何一个国家,允许外来的货物、劳务与资本参与到国内市场中来。

7. 互惠原则

所谓互惠原则,指的是加入 WTO 任何两个国家应互相给予对方有关贸易方面的优惠待遇。

8. 对发展中国家和最不发达国家优惠待遇原则

所谓对发展中国家和最不发达国家优惠待遇原则,指的是加入发展中国家在履行 WTO 的有关协议时,需要某个特定的时间和物资储备,则能够享受到一定期限的过渡期优惠待遇。

9. 公正、平等处理贸易争端原则

所谓公正、平等处理贸易争端原则,指的是当发生调节争端时,各个成员国之间应该在平等的基础上,进行协议调解。通常情况下,调解人是由总干事来担任的。

（二）WTO 的争端解决机制

WTO 的争端解决机制指的是在遵循以上九个原则的基础之上，进行贯彻实行的另一个条件。假如出现了某个成员国违反了以上九个原则中的任何一条，或者某个国家在损害别国利益的基础上从事国际贸易，则大家可以将这个争端通过 WTO 理事会进行有效解决。涉及的程序是：当在国际贸易中发现某个问题时，要在 30 天之内提出来，假如在问题提出之后，60 天内没有给出解决方案，则可以走另外一条程序，这个程序需要大家针对这样的事情组成一个专家小组，通过专家小组对提出的问题给予调查，看申诉的内容是否属实。如果经过调查之后，认为受到损害的成员国提出的争端是属实的，那么最后就可以通过几种方法给予解决。诸如，争端申诉方要求另一方将这个措施取消掉，或者在另一方不给予取消的基础上，允许申诉方实施报复的行为。总体说来，这种措施是目前比较合理的一种保护各个成员国利益的机制，有助于有效解决 WTO 各个成员国之间随时可能发生的矛盾。

（三）WTO 的贸易政策审议

设定 WTO 贸易政策审议首要目的就是要通过定期举行的审议来查看签订 WTO 的各个成员国是否在进行国际贸易过程中，严格遵循了九大原则。所以，WTO 组织也是一个执法部门，相当于世界工商局。WTO 贸易政策审议里面对于各个 WTO 成员国签订的审议的期限是不同的。比如对于欧盟、美国、日本和加拿大这四个国家，实行每 2 年审议一次的期限；有 16 个 WTO 成员国实行每 4 年审议一次的期限；其余的 WTO 成员国实行每 6 年审议一次的期限。审议的方法流程是：WTO 成员国自己首先提出一个自审报告，该报告针对 WTO 的规则做得好还是坏，然后 WTO 组织再派出一个秘书处去审议，找出两者之间的差异所在，最后进行确定、解决这个成员国因没有遵循 WTO 的规则而引起的一系列问题。

（四）WTO 与中国农业发展

贸易自由化使各国可以去共享其他国家的资源,其实际上则是变更了原有资源的充足、稀缺程度,也就有效地打破了稀少要素持有者在国内的垄断地位,拓展、延伸了丰富、充足要素持有者的国际空间,推动产品价格跨国间趋向均等。这样看来,自由化的赢家,从全球范围内来看,是更有竞争力的国家,或者是在国际贸易中没有被公平、平等对待的国家;从一国内部范围来看,要素持有者的国际稀缺程度是大于国内稀缺程度的企业,丰富充足要素密集型产业,也或者是那些原本就备受歧视的产业和集团。

相比较于资本技术密集型产业来说,中国的农业和农产品加工制造业这两个产业是中国最充足丰富的劳动力要素密集的产业;中国千千万万个农民,相比较于那些持有着资本技术稀少缺乏要素的阶层来说,最多持有的,便是中国最廉价的劳动力要素;中国的农村,相比较于那些长期以来备受非市场力量保护的城市来说,是很久以来都备受歧视的集团。这样来看,经济全球化以及贸易自由化相对于中国的农业、农村、农民来说,则是意味着自己国家的产品特别是那些劳动密集型鲜活农产品以及那些相应的加工制成品,将会打破国内市场对于容量的种种限制,很容易进入到一个拥有者容量更大、更稳定的国际化大市场,从而有效地推动产业技术不断进步,产品不断更新换代;自己国家所持有最多的劳动力要素在国内丰富充足程度将会随之下降,价格也呈现出上涨的局面;而且能够凭借着更低的价格获得质量有保证、种类更丰富的生产、消费物品和服务。所以,针对农业方面的争论者,完全没有必要趋之若鹜地在劳动力稀少缺乏、历年来备受保护的欧美发达国家农工以及在劳动力密集型制造业劳动者后面继续"抗议",更是没有必要趋之若鹜地在持有国内稀少缺乏要素的国家、各种垄断势力后面整天大嚷大叫"狼来了"。

自从中国加入 WTO 以来,国际市场就引领着中国农业长期发展的方向,加入 WTO 也是综合性提高包括粮食产业在内的中国农业经济的一个非常好的机会,为此中国粮食产业经济也有必要做出实质性整顿。如果想完成资源在全球范围内的最佳配置,首先就有必要先在国内完成资源的最佳配置,准确地说来,资源在国内范围内的最佳配置是根据在全球范围内的最佳配置为参考、衡量标准。

近年来,中国将大量的农业资源配置在那些比较弱势地位的土地密集型粮食产业,将无法阻挡全球化的冲击,也无法有效地利用全球化这一良好的机遇。置身于经济全球化这一大背景之下,中国的农业、中国的粮食不能如同英法联军火烧圆明园一样层层设防层层挨打,而是应该想方设法主动迎接挑战,通过积极有效地整顿结构,提升产品的质量,来迎接这种大潮流,并从中收获更多的收益。

加入 WTO 以来,中国在粮食经济上给予重大整顿,与此同时,中国的劳动力密集型农产品加工产品,诸如鲜活农产品、纺织、服装等其他产品,也收获了更多、更广阔的全球市场容量,中国也会以此来收获技术不断进步的强大动力,综合性提升档次。美国步步紧逼,欧洲、东亚等其他土地资源稀少、缺乏的发达国家地区在全球化经济这一大背景下,为自由化让步,从而中国的劳动密集型产业也能顺便"搭便车",收获益处。随着加入 WTO,向来备受排斥、歧视的中国也能够"搭便车",获得同其他发展中国家一样的待遇;中国千千万万个农民,也会在全球化这一背景之下,拥有更多的机遇;而中国的工业服务业也将会跨国拥有更多的机遇,从而有效地提高了整个中国经济的档次。向来备受保护,处于优势地位的垄断性产业,也将会被迫提升效率,相应地降低整个中国的经济运行成本,从而也就提升了效率。

第二节 我国农产品的国际贸易

自从中国加入 WTO 以来,中国的经济不断发展,中国也不断地更深一步对外开放。总体说来,我国农产品的国际贸易额也是凭借着越来越高的速度,在国际间占据越来越高的进出口贸易比重。因为我国的农业自始至终都占据非常薄弱的地位,所以在农产品贸易发展过程中也会亲历种种挑战。本节从三大方面来分析我国农产品的国际贸易,分别是我国农产品国际贸易现状分析、我国农产品国际贸易存在的问题、我国农产品国际贸易的发展策略。

一、我国农产品国际贸易现状分析

中国有三大产业,而农业位于第一产业,有力地保障了我国经济的发展,同时也是我国经济发展的一个非常重要的基础,无论是对于国家的发展,还是对于社会的发展来说,都有着非同凡响的影响。由于目前情况下,随着中国加入 WTO,我国农产品也亲历着越来越复杂多样的国际贸易环境,同时前方也有着巨大的市场风险。最近几年,我国农业发展呈现出越来越高的市场化环境程度,较之以往,我国农产品生产的水平也是居高不下了,但是无论我国的农产品国际贸易有着多少明显的优点,必须承认的一点是其还是有着诸多大大小小的问题。

(一)当前情况下,我国农产品国际贸易面临、存在的机遇

如今,我国外交事业的发展越来越迅速,我国也自始至终与其他国家保持着非常好的贸易关系,一直进行着有效互动。最近几年,我国农产品无论是在进口环节,还是在出口环节,都一直处于双向增长的良好态势中。2016 年 1—12 月,中国农产品进出口额为 1 845.6 亿美元,同比减少 1.6%。其中,出口额为 729.9 亿美元,同比增加 3.3%;进口额为 1 115.7 亿美元,同比减少 4.5%;贸易逆差 385.8 亿美元,同比减少 16.5%。[①] 下面用三个

---

① 中国产业信息网.2016 年中国农产品进出口数据及贸易逆差情况分析[EB/OL].http://www.chyxx.com/industry/201703/499467.html

图分析:图 5-1 为 2012—2015 年中国农产品进出口额走势,图 5-2 为 2012—2015 年中国农产品出口额走势,图 5-3 为 2012—2015 年中国农产品进口额走势。图 5-4 为 2016 年各农产品进口量走势。

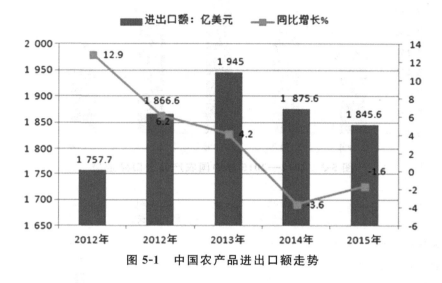

图 5-1　中国农产品进出口额走势

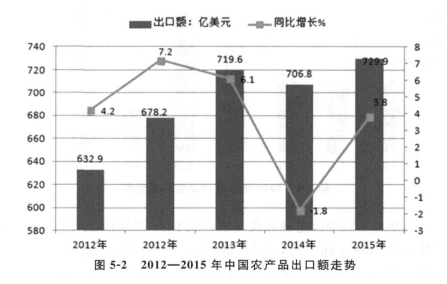

图 5-2　2012—2015 年中国农产品出口额走势

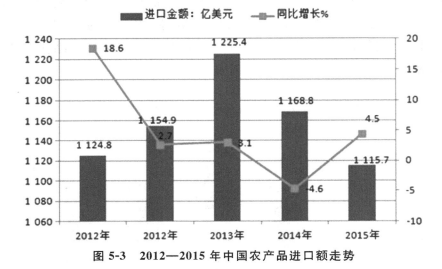

图 5-3　2012—2015 年中国农产品进口额走势

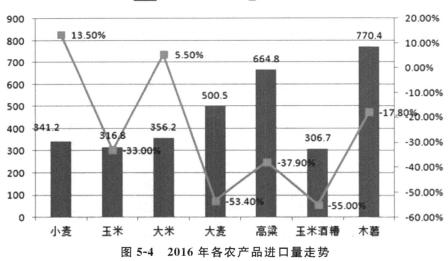

图 5-4　2016 年各农产品进口量走势

　　看到这三个图,能够对我国农产品国际贸易情况有很直观的了解。从另一方面来说,自从中国加入 WTO,我国成了众多世界贸易组织成员中的一员,从而也使得我国农产品在广阔的国际市场环境中发挥出越来越大的重要性。目前情况下,众多国外国家都大力调整、更新、升级了自身的农产品消费结构,从而也为我国农产品国际贸易的快速发展提供了更光明、更广阔的发展空间。

在最近的几年里,我国国家领导也给予农业、农村、农民问题足够的重视,大力支持发展农业,所以我国农业也越来越朝向稳定、健康、有序的方向发展,我国粮食产量呈现出年年递增的现状,水产品、水果、蔬菜等其他众多产品的产量也节节升高,在世界上扮演着重要角色,我国农产品进口量也呈现出良好的态势。

只有我国的农业发展得越来越大、越来越好,我国才能有效地利用目前情况下已经升级好的世界农产品消费结构,从而有力地促进我国农产品的国际贸易朝向更好、更快、更稳定的方向发展。

(二)当前情况下,我国农产品国际贸易面临、存在的挑战

置身于全球一体化的大背景之下,世界经济关系也呈现出与日俱增的复杂程度。从一方面来说,区域贸易完成了全球经济一体化,能够为各国的贸易提供更大的发展空间,但是与此同时,也会发生贸易转移的情况;从另一方面来进行分析,我国农产品置身于强大的国际贸易中,缺乏强有力的市场优势,而且也亲历着越来越大的行业竞争力;不仅如此,我国的农业发展,如果与其他发达国家进行比较的话,仍然处在弱势地位,其主要原因是因为我国在农业生产经营、管理的合作化程度依然不高,生产规模小,存在农业生产户数量基数偏大,并且又因为农业生产户与生产户之间分布分散,不集中,导致不能在生产上完成较快的发展。而且在生产过程中,有着比较大的盲目性,没有目的性,从而无法有效地使小农户与大市场对接起来。除此之外,在加入 WTO 以来,世界贸易组织所许诺兑现的关税水平也显然不适合我国农业的发展现状。2014 年,世界农产品平均关税水平为 62%,最高关税水平甚至能达到 1 000%以上。中国农产品平均关税水平为

15.2％,还不足世界平均水平的 1/4。① 2015 年最惠国税率维持不变,我国关税总水平仍将为 9.8％,其中农产品平均税率为 15.1％,工业品平均税率为 8.9％。② 目前情况下,我国农产品在质量安全方面依然有着十分严重的问题。

二、我国农产品国际贸易存在的问题

自从加入了 WTO 之后,我国农产品国际贸易既面临着良好的机遇,也面临着巨大的挑战。目前情况下,我国农产品在国际贸易中存在着诸多的问题,下面一一予以分析。

(一)缺乏农产品贸易品牌

农产品品牌在国际贸易里扮演着重要的角色,它既可以很好地体现出经济价值,也能够成为信誉的强而有力的代表。所以,对于一个持有良好信誉的产品品牌的公司,对于产品的销售自然不是问题。所以,产品要想收获更好的经济效益,就必须要意识到品牌所发挥的重大作用。但是,目前情况下,我国农产品国际贸易一直存在着一个不可忽视的问题,那就是我国农产品在国际上依然没有知名度比较高的品牌,进而导致即使我国的某些农产品质量再好,依然不能凭借着优质的价格来完成产品贸易交易。

(二)我国农产品国际竞争力低

目前情况下,我国农产品在国际贸易上缺乏良好的结构,而且也有着比较单一的市场结构,虽然国家也在支持农业的发展,但是国家所给予农业发展支持的程度还远远不够,我国的农业在生产经营方面缺乏完善的条件。最近几年来,我国在农产品经

---

① 前瞻网.中国农产品平均关税水平仅为世界水平的 1/4 粮食进出口现状分析[EB/OL]. http://www.qianzhan.com/qzdata/detail/149/141113-adea2604.html

② 中国经济网.2015 年最惠国税率维持不变我国关税总水平仍保持 9.8％[EB/OL]. http://www.ce.cn/xwzx/gnsz/gdxw/201501/12/t20150112_4314365.shtmll

营、管理环节成本越来越高，农产品有着较低的组织化程度，基于这些原因，导致我国农产品跨国间进行国际贸易时，处于弱势地位，不能享受优势地位。

（三）绿色贸易壁垒影响了我国农产品出口

之所以设置绿色贸易壁垒，主要是因为最近我国资源损耗率高，人们的健康也面临越来越高的威胁，所以为了给予地球上数量有限的资源足够的保护，使得在保护地球环境的同时，人们的健康能够得到足够的保障，进而针对外来农产品服务，形成一系列比较严格的环境保护准则，从而在很大程度上限制了各种各样外来产品服务。我国加入 WTO 后，关税率一直很低，一些发达国家为了大力发展自己国家的经济，使得自己国家的经济不受其他国家的影响，对外来国家尤其是发展中国家设置绿色壁垒，从而极大地限制了外来产品的输入。使得我国当前农产品在跨国国际贸易中，存在着一个很大的障碍就是绿色贸易壁垒的设置。

发达国家对于外来产品进口食品的安全性给予越来越高的重视，对于农药残留等其他检测指标也有着非常严格的限制，进而导致对我国农产品一个不利的影响便是：我国的农产品在广阔的国际贸易市场上很难公正、平等地参与竞争。但是我国还没有对各式各样的食品进行规定农药残留量限制标准，所以我国的农产品在出口环节遇到一系列各种各样的标准限制，对于我国的农产品出口产生很大的影响，使得我国农产品出口量因为绿色贸易壁垒的存在，频频遭禁、退货甚至是索赔，我国损失巨大。

伴随着国家间农产品贸易竞争日益激烈，各个国家都在加大创新力度，设置各种绿色贸易壁垒，尤其是国外基因工程技术的巨大发展，给传统的农产品贸易带来了很大的威胁。我国农业一直以来都是经营传统的农产品，所以绿色贸易壁垒的大加设置，对于我国农产品贸易产生巨大的威胁，深深地阻碍我国农产品贸易的发展，使得我国在国际贸易中处于弱势地位。

（四）农产品贸易逆差

最近几年来，我国农产品发展的同时，面临一个非常重要的问题就是进出口贸易出现很高的贸易逆差。2016 年，我国全年进出口额达到 1 845.6 亿美元，同比略减 1.6％；出口额 729.9 亿美元，同比增长 3.3％；进口额 1 115.7 亿美元，同比减少 4.5％；贸易逆差 385.8 亿美元，同比减少 16.5％。[①]

三、我国农产品国际贸易的发展策略

我国农产品在国际贸易上遇到诸多问题，我们必须想方设法去应对这些难题，做出有利于我国农产品国际贸易的发展策略，下面进行了总结。

（一）完善质量控制，提高国际市场竞争力

农产品如果想击败各种绿色贸易壁垒，唯一可行的措施就是保证生产出的产品是与国际质量标准相符合的。所以，我国质量检验局凭借国家间众多质量标准，制定并发布出了一系列国家标准；我国农业部门也对此制定并发布出了一系列行业指标。不仅如此，农业部将准备每一年都去加大各种各样的行业指标，从而有效地完善、提升我国农业标准体系。作为众多世界贸易组织成员国的一分子，如果想在跨国实现更好的发展，就务必要符合各项标准进行生产，以实现贸易的顺利进行，所以有必要及时去了解有关国家间最新行业标准。而且，我国的农产品要想在竞争日益激烈的国际环境中，获得更好、长远的发展，就有必要与国际标准紧密结合起来，实施 ISO 14000 以及环境认证标志。因为 ISO 14000 包含着整个有关环境管理标志的各个环节，包括环境行为评价、生命评估、环境体系等其他方面的内容。所以，我们在生产

---

① 新华网. 2016 年我国农产品贸易逆差收窄 16.5％[EB/OL]. http://news. xin-huanet. com/food/2017-03/07/c_1120579854. htm

农产品时,从最开始的原材料、到生产、再到审计等其他诸多环节中,自始至终都要贯穿于环境管理标准之中,从而使农产品在各个环节中都顺利过关。所以,要想这些农产品顺利进入国际市场,必须做到这些方面,从而有力地将绿色壁垒一网打尽。

(二)实现产业升级,形成国内行业价值链

如果想要我国的农产品顺利打入国际市场,必须要练好稳固扎实的基本功,其中最基本的是要做到不断加大科技的投入。尤其是对于一直都是生产传统农产品的企业来说,企业务必要不断增大科技的投入,有效地推动产品有着更好、更高的科技含量,从而使得企业生产、开发出来的产品不仅各具特色,而且也更加安全、优质,从而顺利地走出广告大战以及低价格大战。其实,只有不断地加大科技投入,才能够生产出响当当的品牌,从而有力地在广阔的国际贸易市场中占据不败地位,进而实现更快、更好、更大的发展。目前情况下,我国农产品行业依然没有形成规范,导致诸多重复的问题频频发生,要想成功地解决这些问题,就有必要重新整顿产业秩序,使得各个环节分工更加明确,最后形成行业价值链体系。

从市场产业价值链的基础之上,将全部涉及农产品的生产的各个农资企业有效地联合在一起,再加上对这些农产品进行生产出其他产品的生产商,再加上农户,三方有力地联合在一起,从而有效地形成了一条完善的产业价值链。该产业价值链不仅使厂商的产品更具市场竞争力,也大大提高了农资企业的销量,从而有效地解决了农产品滞销等各个问题,最终也在很大程度上增加了农民收入的稳定性。

我国农产品在国际贸易中既要亲历良好的机遇,也要亲历巨大的挑战,更是要亲历各种存在的问题。虽然我国农产品发展过程中存在诸多问题,但是只要我们给予农产品国际贸易足够的重视,敢于接受各种挑战,及时发现问题,并找到解决问题的发展策略,我国就一定能在日益激烈的国际竞争中脱颖而出,实现我国

农业更快、更好、更长久、更稳定的发展。

第三节　农业国际竞争力

作为我国的基础产业，农业对于我国的经济发展以及社会的稳定都有着非常重要的作用。因为农业为人类的生存、生活提供了最基本的生活资料，而且农业也是工业生产过程中的非常重要的原料来源。同时，农村也是工业产品的十分重要的消费市场。特别是对于我国这样的农业大国来说，农业国际竞争力不但能够影响农民们自身的收入，而且在很大程度上对于我国的现代化进程和社会的稳定也有着重大的影响力。农业国际竞争力有关生产者的利益，同时也有关消费者的利益。

一、农业国际竞争力的概念

国际竞争力，这个词有着非常直观的含义，我们能够这样进行理解：竞争主体与其他竞争主体之间的力量大小或者是力量强弱的比较。可是，在经济学理论研究中，每个学者对于国际竞争力有着不一样的理解，特别是在牵涉到国家层面上时，每个学者对于国际竞争力更是有着争论很大的理解。Banse 曾经这样指到："没有任何一种竞争力的定义或评价方法能被学者们广泛接受"。所以，对于国际竞争力，我们不能给出固定的含义。但是，在大部分学者看来，国际竞争力的含义能够从三个层面上展开来，分别是：国家、产业、企业。针对企业层面上国际竞争力很容易进行理解，也就是企业在广阔的国际市场上的盈利能力，对于这个解释引起很少的争议。在产业层面上进行理解国际竞争力，引起两大方面的争论。

其一，对于产业的分类，存在不一致的看法。有人认为，企业的分类限制在狭义上的产业，指的是同一种类的产品以及可以进行替代的产品(可替代品)的总和;有人则认为企业的分类限制在广义上的产业,该观点这样认为,进行产业国际竞争力的研究,不仅仅需要去研究某些特定产业之间的竞争力,而且也需要从产业结构、产业组织上进行研究。

其二,对于产业层面上的国际竞争力,存在着不一致的看法。有人认为,国际竞争力是产业、产品在国际市场上的盈利能力以及占据国际市场份额的能力;有人认为国际竞争力就是生产力之间的比较。

对于国家层次面上的国际竞争力的理解,则有着最多的争议性。有人看法是,国际竞争力是一个国家保持贸易顺差或者贸易平衡这样的一种能力;有人认为国际竞争力指的是一个国家不断地提升本国人民生活水平的这样一种能力;有人则认为国际竞争力唯一有意义之处在于国家生产力;也有少部分学者认为,国家竞争力是没有任何意义的概念。

二、农业国际竞争力的本质

我们可能会产生疑问,农业国际竞争力的本质究竟是什么呢? 如果想更好地理解这一点,我们能够从诺贝尔经济学奖的美国获得者舒尔茨针对"传统农业"与"现代农业"的有关论述里获得某些启示。舒尔茨在出版的《传统农业改造》一书里曾经这样指出,传统农业就是完全以农民世世代代使用各种各样生产资料为基础的农业,其农业生产率水平非常低;而现代农业指的是以使用各种现代生产要素为基础的农业,其农业生产率相当高;对传统农业进行改造、升级时,遇到的一个核心问题就是要把弱小、落后的传统农业改造、升级为一个生产率非常高的经济部门。所以,我们可以看出,传统农业和现代农业两者之间存在的根本性的差别在于生产率的高低。在这里,舒尔茨所分析的是有着不一样发展水平的农业特征。因为,在日益激烈的国际市场竞争中,各个国家都有着不同的农业发展水平,有的国家农业传统、落后,有的国家农业则现代、发达,有的国家则处于两者之间。由此来看,农业国际竞争在现实中,也就是国家在不同的农业发展水平方面上的竞争,如果一个国家农业发展水平高于或者优于其他国家的农业发展水平,那么这个国家就有着比较强的国际竞争力,也就意味着在国际贸易市场上,占据更多的农产品市场份额。所以,农业国际竞争力的本质在于农业发展水平的比较。农业产业竞争力体现在各个国家在国际贸易市场上,为了夺取彼此共同需要的对象而开展起来的竞争。所以,我们每个人都应该深深关注我国农业产业在国际上有着怎样的竞争力。一般而言,农产品在国际贸易市场的竞争能力强弱只不过是农业产业国际竞争力方面的外在表现形式罢了。所以,要想看农业在国际贸易市场上处于优势还是弱势,可以看农业国际竞争力高还是低、强还是弱。但是农产品的市场竞争力大小却是由两方面来决定的,分别是农产品的价格因素以及非价格因素。

除此之外,要想更好地理解农业国际竞争力的含义,还需要明确下面的两点。

其一,分析农业国际竞争力必须要在自由、公平的市场环境下,所以自由和公平的市场环境是有效分析农业国际竞争力的首要前提。因为为了各个国家经济的发展,每个国家都设置了大大小小的贸易壁垒,到目前为止,国家与国家之间的贸易壁垒依然存在着,还没有完全拆除掉,各个国家也有着不一样的扶持力度,如果不把这些因素排除掉,进行各个国家农业国际竞争力的较量时,会很难公平地做出评判。

其二,我们所说的某个国家的农业在国际贸易市场上具有竞争力,并不是说该国家的所有产品在国际贸易市场上都具有竞争力。因为每一个国家有着不同的人力、资源,每一个国家也只能在某一个产品或者某些产品方面具有市场竞争力或者是具有市场优势。举个例子,全球除了美国,第二大农业出口国是欧洲的小国——荷兰。荷兰每年的农业净出口额,就高达300多亿美元。其温室蔬菜的产值占蔬菜生产总值的3/4,其产量的86%都销往世界各地。① 即便如此,荷兰具有国际竞争力的也只是在园艺业以及畜牧业这两个产业,在其他产业方面,并不在国际贸易市场上占据优势地位。

从上来看,我们可以这样来定义农业国际竞争力:农业国际竞争力指的是,在自由、公平的市场环境下,一个国家的农业凭借着更好的农业发展水平,能够生产出更多的持有竞争优势的农产品来,并不断地获得盈利能力。

三、农业国际竞争力的理论

既然农业国际竞争力本质上是农业发展水平的较量,那么问题又来了:农业国际竞争力又存在着哪些理论呢?以下着力分析农业国际竞争力的理论。

(一)比较优势理论

比较优势理论来源于针对国际贸易原因和贸易利益进行分析解释的一种主导理论,现如今已经形成了一个比较完善的体系。根据亚当·斯密和大卫·李嘉图两人的观点进行分析,可以看到,劳动生产率的差异引起价格差异,而且平均劳动成本的高低有力地决定了国家间竞争力的大小、强弱,也就是说,平均劳动成本相对越高的话,那这个国家的农业国际竞争力也就越弱。所以,如果按照比较优势来进行国际分工,那么每一国家都能在国际贸易中获得利益,即每一个国家可以出口那些平均劳动成本比较低的产品,可以进口那些平均劳动成本比较高的产品。在此基础之上,新古典主义的比较优势理论更进一步指出:各个国家在国际贸易交易中产生价格差异性的根本性原因是各个国家的资源要素存在不同的、有差异性的禀赋。资源要素禀赋的差异性进一步决定了资源要素价格差异,而资源要素价格差异则在最后的

---

① 一点资讯.全球除了美国,第二大农业出口国居然是欧洲的小国荷兰〔EB/OL〕. http://www.yidianzixun.com/home? page=article&id=0EA5muM

环节上决定了产品成本的差异。我们可以得出这样的结论:任何一个国家选择那些出口密集使用充足丰富要素的产品,进口那些密集使用着稀少缺乏要素的商品来参与国际贸易市场的竞争,那么该国家总能获得利益。目前情况下,根据比较优势理论这个结论,各个国家面临进行农产品进出口这个问题,大多数遵循比较优势理论的分析成果,对自己国家的农产品在国际贸易市场上进行优势比较,从而判断出该国的农产品是否具有国际竞争力。

(二)"国家钻石"理论

如何正确有效地判断一个国家农业在国际贸易市场上竞争力大小以及其受到哪些因素影响,已经成为各个国家发展农业的重要的议题。其中,学院派代表迈克尔·波特教授在给予美国、日本、德国等 10 个国家在内的 100 多个产业进行有关国际竞争力的研究,在研究比较之后这样认为,有六大宏观因素决定着农业国际竞争力的优势,分别是:生产要素状况,英文译作 factor conditions;需求状况,英文译作 demand conditions;关联的和支持性产业,英文译作 related and supporting industries;企业战略、结构和竞争对手,英文译作 firm strategy,structure,and rivalry;机遇,英文译作 chance;政府,英文译作:government。在这六大决定性因素中,前四个决定因素是基本影响要素,后两个决定因素是辅助性因素。也就是前四个因素:要素条件、需求条件、关联的和支持性产业和企业战略、结构和竞争对手是最基础的因素,后两个因素:政府和机遇起到扶持性的作用。

这六大决定因素共同构成了非常著名的"国家钻石",英文译作 national diamond,有翻译成"国家菱形"模型。波特这样认为,一个国家的国内市场环境对于农业国际竞争力有着非常大的影响,两个辅助性因素对四个主要因素产生了影响,从而对于一个国家的国际竞争力产生影响。波特建立的钻石模型,如图 5-5 所示。

评论界纷纷对波特提出的"国家钻石"模型赞不绝口,有人称赞它为当代的"国富论"。在具体实践应用中,该模型也被学者们称赞为"经济分析范式(paradigm)",并将其用在不同产业,进行国际竞争力分析。在此基础之上,我们根据我国农业再生产本身具有的特点,应用波特的"国家钻石"模型,给予对农业国际竞争力有所影响的关键性因素合理的解释。

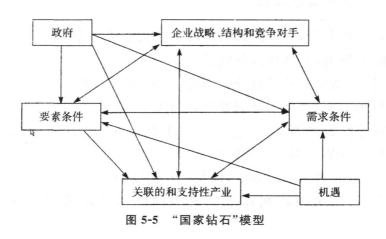

图 5-5 "国家钻石"模型

1.农业生产要素条件

我们可以将农业生产要素分为两大类,分别是传统农业生产要素和现代农业生产要素。所谓传统农业生产要素,主要指的是诸如气候资源、地理方位、劳动力和土地、水源等一系列农业自然资源,在这些众多要素之间,有的要素是天然就有的,有的要素则只需要通过简单的个人、社会投资就可以拥有;所谓现代农业生产要素,主要指的是诸如农业技术人力资源、现代化通信的农业基础设施、农业生产经营、管理等其他生产要素,在这众多的生产要素中,它们并非是天然就存在的,而是需要持续不断地加大投资所创造出来的。因为农业再生产有效地将自然再生产与社会再生产结合在一起,对于那些生产力水平非常低下的农业社会来说,那些传统生产要素特别是自然条件,比如土地、水源、气候、地理方位等,极大地影响着农业国际竞争力,比如汉朝时期,中国著名的"丝绸之路"就是一个最好的例证。但是世界风云变幻,我国经济不断发展,生产力水平也得到不断提高,我国农业生产率的提高在很大程度上是因为现代性的新生产要素不断加大投入的结果。所以,这个时候对于我国农业国际竞争力产生决定性作用的是那些现代农业生产要素,并非是那些传统农业生产要素。

2.农产品需求状况

在波特看来,一个国家的国内需求能够从三个方面对本国农业国际竞争力产生影响,分别是:

其一,国内需求的性质。其中,我们又可以将国内需求的性质细分为三大类,分别是细致划分的需求、成熟老练挑剔的需求、具有前瞻性眼光的需求。这三类需求有着各自的性质,也给予农产品国际竞争力不一样的影响。

其二,国内需求的多少,以及成长速度的大小。

其三,从国内市场需求转变为国际市场需求的这样一种能力。

这些分析同样也适用于农产品,而且又因为人们在每天的生活中离不开农产品,人们购买农产品所花费的费用受到恩格尔定律的影响,是伴随着经济发展而渐渐降低的,也就是农产品支出是不稳定的,递减的。所以,在分析农业国际竞争力的时候,应该将农产品的这一特性考虑在内。

3.关联的和支持性产业发展状况

由于农业产业是围绕着动植物生产所进行的产前、产中、产后三个环节全部内容的总和,所以农业生产过程只不过是农业再生产中其中一个环节,不仅如此,农业生产也需要依靠产前投入要素,诸如种子的培育、浇水、施用化肥、使用农业工具等。有很多产业可以生产出这些投入要素,我们把这些产业称之为农业的上游产业;当然,农业生产也是与产后的服务紧密联系在一起,诸如农产品的运输、储存、加工、销售以及其他服务,从事这些服务的产业,我们称之为农业的下游产业。不管是农业的上游产业,还是下游产业,都存在着很大的竞争。农业的上游产业具有竞争力可以体现在:能够有效地给农业生产提供出及时、优质的资源材料以及各种各样的服务;农业的下游产业具有竞争力可以体现在:能够依靠"提升效应"来直接推动农业生产的发展。所以,这些有关联的和具有支持性地方产业的不断发展会直接推动农业国际竞争力的增强。

4.农业经营主体的状况

一般来说,农业经营主体主要是通过两方面对农业国际竞争力产生影响,分别是:

其一,农业经营、管理主体的素质。因为农业经营、管理主体的素质能够直接给很多方面造成影响,比如农业生产的经营、管理水平,农业在国际贸易市场上究竟该采取什么样的竞争策略,农业又该如何应对千变万化的市场等各个方面。

其二,农业经营规模大小。农业经营规模的大小在市场上会对很多方面产生影响,比如农业现代生产要素的输入和运用,不断降低的农产品成本,农业经营主体应对千变万化市场的能力,所以农业经营规模的大小会对农业的国际竞争力造成影响。

5.机遇

不得不说,有时候,一些出乎意料的非规定特性的偶然性事件和机遇也会对一个国家的农业国际竞争力造成影响。因为这些偶然性事件会将原本存在的竞争状态一一打破,从而使竞争主体之间没有了原来的地位,地位发生了一些改变,进而导致很大的一片新的竞争空间能够供竞争者们较量。这些机遇主要包括:意义深远的农业技术改革和创新、全球金融市场或者汇率发生了重大改变、外国政府实施的重大决策、各种天灾、发起的战争等。

6.政府行为

政府行为也会对一个国家的农业国际竞争力产生影响,其主要是通过农业生产要素条件、农产品需求状况、关联的和支持性产业发展状况、农业经营主体的状况等来发挥作用的。比如,政府能够通过不断扩大农业基础设施建设、整顿治理农业生态环境、巩固强化农业科学研究以及农业先进技术的宣传推广工作等,有效地促进农业生产要素的改进;有时候,政府也会针对农产品价格,给予调节控制,比如对农产品出口给予补贴,从而能够直接对农产品的国际贸易市场竞争力产生影响。

针对农业国际竞争力,我们能够根据上面的有效分析,梳理出一个清晰明了的分析框架,也就是农业国际竞争力,其实质在于农业的比较生产率。对农业的比较生产率至关重要的决定性因素有很多,比如农业生产要素条件、农产品需求状况、相关产业和支持性产业发展状况、农业经营主体的状况、机遇和政府行为这六个方面,在这六个方面中,后两个机遇和政府行为主要是通过对前面四大因素给予影响,进而对农业国际竞争力发挥作用;农业国际竞争力在国际贸易市场的竞争能够通过农产品的市场竞争力直接有效地体现出来,至于农产品的市场竞争力则是通过农产品的价格因素以及非价格因素决定的。

四、农业国际竞争力的数学模型

前面我们讲到了有关农业国际竞争力的概念、本质、理论,相信我们已经对农业国际竞争力有了很大程度的了解,这次我们再将数学模型应用到农业国际竞争力中,农业国际竞争力有四大数学模型。

(一)综合功效系数法

如果将农业国际竞争力的有关主客观特点都考虑在内的话,那么"综合功效系数法"则是一个比较成熟的数学工具。

进行农业国际竞争力分析时,选出能够衡量农业国际竞争力的相关指标,构建起一套完整的指标体系,然后从各个侧面分析一个国家农业竞争力的不同现状。为了有效、客观地进行横向与纵向之间的比较,我们可以通过所构建的数学模型,将以上各项相关指标都分析进来,从而能够更加直观地了解到各个因素之间的彼此影响。

1.综合指标评分

用综合指标评分方法进行评时,我们可以通过下面的公式进行:

$$d_i = \frac{x_i - x_i^{(a)}}{x_i^{(h)} - x_i^{(a)}} \times 0.6 + 0.4$$

在这个式子中,d_i 指的是第 i 个指标得分;x_i 指的是第 i 个指标的真实实际的值;$x_i^{(h)}$ 指的是第 i 个指标的满意值(我们可以取其平均水平或者是先进水平),$x_i^{(a)}$ 指的是第 i 个指标的不允许值(也可以取其最差值)。当 $x_i = x_i^{(a)}$ 的时候,则只能够得 0.4 分,也就是该指标最低的得分是 0.4 分。当 $x_i = x_i^{(h)}$ 的时候,能够得到满分 1.0 分,与此同时要满足:

$$0 \leqslant d_i = \frac{x_i - x_i^{(a)}}{x_i^{(h)} - x_i^{(a)}} \leqslant 1$$

这样的话,各个监测指标的得分就能够保持在 0.4~1.0 分。

2.确定各指标权数

其实确定各指标的权数,实际上要就是要确定各个因素中,哪个因素相对来说是很重要的,哪个因素相对来说是次要的,通过对各个指标根据重要性给予排序。有很多根据重要性进行排序的方法,其中最常用的要数 AHP 方法,也就是所谓的层次分析方法。

3.加权平均

综合功效系数法的最后一步要数计算综合评价分数 D 了,综合评价分数 D 表示的是评价目标的真实、实际水平。它能够通过加权几何平均法依照下面的公式得出来:

$$D = \sum d_{ij} \times W_{ij}$$

其实,建立综合功效系数法最初的目的是可以对各个国家之间的竞争力横向具有可比较性,从而达到对某一个国家的农产品国际竞争力有一个十分客观的评价。但是,因为构建评价指标体系以及进行确定各个指标权重系数包含着众多复杂的流程,每个国家又有着不同于其他国家的特殊情况。所以,依据某个国家的农业状况而编辑制定出来的指标体系也许并不完全适合于其他的国家。与此同时,还有一点我们需要注意的是,AHP 法中的两两相比较完全是由个人的主观断定得出的,其最后的结果也必然会受到个人知识结构、能力大小、具体实践经验等众多因素影响。所以,各个专家给予评定时,一定要尽可能地多征求不同专家的意见,从而有效地避免因为少部分人的主观偏好影响到结果的准确性。也只有这样,我们才能通过 AHP 分析方法,有效地对某一个国家的农产品国际竞争力给予比较公平、客观的评价。

(二)显示比较优势法模型

显示比较优势法模型的出发点是比较优势理论,根据各个国家的资源禀赋、规模大小、经济水平、科技水平和农业相关政策、贸易制度等各个方面,有效地分析农产品的比较利益,并且通过采取显示比较优势法模型有效地得出某一个国家在当前情况下具有国际贸易市场竞争力的优势农产品来。

显示比较优势指数(revealed comparative advantage index),英文简称为 RCA。其中 RCA = 世界该类商品出口额/世界出口总值。当 $RCA > 1$ 时,则意味着这个国家的该类商品在农业国际竞争中处于优势地位;当 $RCA = 1$ 时,意味着这个国家的该类商品在农业国际竞争中不具备优势地位;当 $RCA < 1$ 时,则意味着这个国家的该类商品在农业国际竞争中处于弱势地位。

$$RCA_{ij} = \cfrac{X_{ij} / \sum_{j=1}^{n} X_{ij}}{\sum_{i=1}^{m} X_{ij} / \sum_{i=1}^{m} \sum_{j=1}^{n} X_{ij}}$$

(三)价格理论模型

归根结底,农业国际竞争力最终还是要通过农产品的市场竞争力来有效地体现出来。经济价值理论有效地表明,如果将其他非经济因素排除开来,则农产品国际竞争力则会最直接地体现在两大方面,分别是农产品价格和质量。在农产品质量一样或者是比较接近的情况下,农产品的价格越低,则该产品在国际市场上就越有竞争力。所以,要想研究产品在国际市场上是否具有竞争力,必须要去研究该农产品价格、质量等有关的问题。

农产品成本是组成农产品价格的基础部分,同时也是决定农产品价格的非常重要的因素。其中,农产品成本主要是由三大部分组合而成,分别是生产成本、税收和流通费用。进行农产品成本之间的比较,主要是通过三大方面进行,分别是:

1. 农产品生产成本的比较

农产品生产成本之间的比较主要是通过生产成本结构的组成进行比较,也就是对农产品的劳动成本和物质原料投入的成本占据农产品生产成本的比重进行比较。

2. 农产品成本外支出的比较

农产品成本外支出比较,主要是对各个国家的税收以及成本外支出进行比较,从而有效评判各个国家的税收以及成本外支出,究竟在降低农产品成本方面能够起到什么样的作用。

3. 农产品流通费用的比较

农产品流通费用的比较,主要是比较各个国家农产品流通占据农产品价格的比重,以及在流通费用与生产成本之间进行比较,从而有效地评价节约农产品流通费用方面的潜力。

(四)农业国际竞争力评价指标体系及综合评价模型

可以通过两方面分析农业在国际贸易市场上竞争力方面评

价指标体系以及综合评价模型,分别是:

1.农业国际竞争力评价指标体系的建立

如前文所述,波特建立起重要的"国家钻石"模型理论,并将影响农业国际竞争力的因素一一概括开来:农业生产要素条件,国内农产品需求状况,关联的和支持性产业发展状况,农业经营主体的状况,机遇以及政府行为。与此同时,凭借农业国际竞争力的各个影响因素以及各个因素之间的关系,并将专家们的意见结合在一起,使用层次分析法,我们可以将农业在国际贸易市场的竞争力综合评价的基本层次概括为农业国际竞争力评价指标层次结构模型。

2.综合评价模型及综合评价值的确定

综合评价模型及综合评价值的确定,是通过将各个评价指标的权重值和分值,分别代入到数学模型:$E = \sum_{i=1}^{n} Q_i P_i$(这里 E 指的是农业产业国际竞争力综合评估结果值;Q_i 指的是第 i 个评价指标的权重;P_i 指的是为第 i 个评价指标的分值;n 为评价指标的数目),最后可以得出某个国家农业产业国际竞争力的总评价值。

第六章　现代农业的投资项目
评估及经济核算

"民以食为天",农业是我国国民经济的基础部门,在我国国民经济中一直扮演着重要的角色。目前,我国已经进入工业化中期阶段,伴随着我国综合实力越来越强,现代农业的投资项目也越来越多,投资的内容也越来越广泛,投资的规模也逐渐扩大。与此同时,因为农业无论是在生产还是在发展上,都受到诸多环境因素的影响,从而也就决定了与其他产业的投资进行比较的话,现代农业的投资必然有着自身显著的特征。而且在从事农业生产、经营的过程中,也需要给予种种记录、计算、对比、考核,也就是所谓的经济核算,本章主要阐述两方面内容,分别是农业的投资项目评估与农业经济核算。

第一节　农业投资项目评估

任何一项投资,必须要进行可行性分析,看看该投资是否行得通,农业投资同样适用。随着农业的管理越来越科学化,农业投资项目评估越来越引起人们的重视。其目的主要为了减少盲目性投资的发生,以及减少自己的浪费与消耗,从而有效地提高农业投资效益。现实生活中,仍然有一些农业投资项目因为缺乏有效性评估,决策的方法不恰当等,在农业生产、经营过程中产生严重的后果,损失巨大。还有一些农业投资项目,因为对市场缺乏有效评估,造成销售业绩惨不忍睹,受到惨痛的教训。

一、农业投资项目的概念与标准

投资项目有所谓的广义与狭义之分。所谓广义范围上的投资项目,指的是依靠一定的限制、约束条件,诸如资金、技术、原料、时间、方位、政策等,投资者为了获得将来预期效益,将金钱、资金或者各种资本投入到以获取利润为主要目的的营利性事业,或者是不以获取利润为主要目的的非营利性事业,从事生产、服务等各项经济活动,而且有着清晰明确的目标的一次性事业;狭义范围上的投资项目,指的是不仅具有投资行为,而且也有着建设行为上的工程建设项目。对于农业领域来说,投资项目有着非常特殊的内涵,指的是为了扩大、拓展农业进行再生产(也就是通过提高生产条件,扩大生产手段,拓宽生产能力)而投入、输入的全部资源,它是在原来自身基础之上,加大投入各种资源,比如人力、物力、资金、信息、科技等,这些投资行为既可以来自于农民个人,也可以来自于农业企业,也可以来自于农民专业合作组织,也可以来自于国家或者农村集体经济组织,当然也可以来自于国际上的投资。这些投资行为规模不一样,一般说来,农民个人的投资规模比较小,其他几种投资行为投资规模相对来说较大,范围也比较广泛,投资量也比较多,往往会以投资项目的行为出现在大家眼前。

农业投资行为,应该遵循以下几种标准。

其一,农业投资项目必须是以扩大再生产为目的的一种经济行为。农业投资项目并非是简单的为了维护再生产而给予的种子、化肥、农药等其他日常性费用支出,而是通过不断加大投入,提高生产条件,扩大生产手段,拓宽农业综合生产能力的达到扩大再生产的一种经济行为。

其二,农业投资项目必须要有清晰、具体的建设内容以及清晰明了的效益目标。与此同时,农业投资项目在以实现最大化效益为目标时,必须要明确规定参与到项目中来的农民人均收入要增加的事情,而且也必须明确规定农业投资项目一定要对国民经济做出贡献,以及经济贡献是多少。

其三,农业投资项目一定要有具体、清晰的开发治理区域范围和详细的项目建设开始与结束时间。任何一个农业项目,都要有着明确、详细的投资、生产、效益的时间前后顺序;也要有具体的地理位置和明确的地区范围,并且详细、明确地规定着该项目究竟包括哪些县、乡,以及投资的面积有多大;与此同时,也应该清晰地标示出项目建设的开始与结束时间,并且要严格遵循规定时间,在规定时间之内完成任务,不能无缘无故拖延时间。

其四,农业投资项目一定要有切实可靠的投资资金来源以及行得通的投资计划安排,包括资金筹备、分配、运用、管理等方面。农业投资项目,无论资金是来源于外资,还是来源于国内,都应该全部落实到实处;对于那些投资项目来源于国家的来说,也必须要把国家投资和地方配套资金来源于哪里全部落实到实处,并且也要制作出具体、清晰的投资计划安排,使资金能够及时、足量地投入到项目建设中来。

其五,农业投资项目一定要有明确的投资主体以及健全、有序、科学的组织管理机构。其中,投资主体指的是投资的计划、决定者、利益享受者以及风险担保人。健全、有序、科学的组织管理机构能够保证该投资项目高效地进展,从而有力地推动投资目标的完成。

其六,农业投资项目是一个相对独立的执行单位。农业投资项目是一个农业项目,在农业发展总体规划的过程中,无论是在经济上,还是在技术上,抑或在管理上,都是能够完成独立设计、独立计划安排、独立筹备资金、独立核算、独立执行计划的业务单位。在农业发展总体规划过程中,包含诸多具体、明确的项目,农业投资项目的具体实施则是保障农业发展总体规划能够顺利完成的具体方法与措施,它能够使在计划、安排中预想到的经济行为朝着更加明确和具体化的方向发展。

二、农业投资项目的特点

投资项目有很多种，农业投资项目有着自己显著的特征，是与其他投资项目不一样的，这是与农业自身的特点息息相关的。正确地认识、了解这些特点，对于明白、把握住项目投资评估的重难点非常有帮助。

(一)农业项目投资具有较强的综合性

农业投资项目与工业项目之间有着诸多的不同，其与所在区域的自然条件，生态环境密不可分，往往采取"一业为主、多种经营"的方法。所以，在农业项目投资评估的过程中，既需要留意农业项目的相对独立性，又需要将农业项目与诸多方面的关系考虑在内，重视它的综合性。有必要站在国民经济整体的角度，给予农业项目投资在经济方面的分析，而且在项目投资的地理位置、数量、时间顺序等其他各个方面都要与各方面的需求有效地衔接起来。

(二)农业项目投资受到资源的限制、约束

农业项目投资会受到比较强的资源的限制与约束。因为农业投资项目主要是土地资源的投入，我国依然处于人多地少的情况之下，无论是哪一个农业项目的投资，不管规模多大、人力多充足、地理多优越，都会特别强调土地资源的合理、有效使用。

(三)农业项目投资具有风险性和不稳定性

进行农业项目投资时，农业生产、经营的对象并非是无生命的东西，而是那些具有生命力的动植物，农业项目投资会受到诸多因素的影响，比如经济因素、自然因素、人为因素等，在诸多因素之中，经济因素、自然因素特别是气候因素，会对农业产生巨大的影响。所以，农业项目的投资常常存在比较大的风险和不稳定

性。在进行农业项目投资时,一定要对投资方案给予可行性分析,也就是分析该投资是否行得通,而且也要对投资项目效益造成影响的一些敏感性因素给予不确定性分析,预先推测这些不确定性因素会对投资效益产生怎样的影响。

(四)农业项目投资具有时效性和长效性

从事农业生产,必须要用到自然资源,而自然资源能够为农业生产提供源源不断的资源,土地以及自然资源的有效开发利用,不仅仅具有时效性,也就是受时间因素影响很大,而且也具有长效性,有时候需要很长时间才能看出效果来。比如,对于农产品加工项目的投资来说,具有时效性,很快就可以看到效果,一般当年就可以看到效果怎么样。但是对于大型水利工程项目投资来说,就不一样了,其需要在相当长的一段时间里才能看出效果怎么样。所以,在给予农业项目投资评估的过程中,我们将考虑某些投资项目具有长期性,不能因为短时间没有看到效果,或者是短时间里效果不明显,就对该投资项目给予否定。

(五)农业项目投资受价格因素影响

因为受到历史、地理方位等众多因素的影响,工农业产品的价格会有着大大小小的偏差。如果工农业产品价格偏高的话,那么也会相应地造成农业生产投资过程中,投入物的价格偏高;如果工农业产品价格偏低的话,那么也会相应地造成农业生产投资过程中,投入物的价格偏低。基于此,很多国家针对农业项目投资,采取补贴支持策略,从而使农业投资项目的投入物和产出物在财务评价方面使用的现在价格与该物品持有的真实价格上存在着扭曲、差别很大的现象。所以,在给予农业项目投资过程当中,尤其要注重调整价格。

(六)农业项目投资评估具有复杂性

很多参与农业项目的人是那些分散而独立自主经营的农户,

这使得农业项目投资评估变得更加复杂。在进行农业项目投资评估过程当中,不仅要留意投资项目究竟对农民收入的增加有着怎样的贡献,也要留意投资项目究竟为国民经济带来怎样的效益。

三、农业投资项目管理周期

农业投资项目管理周期长,且有着很多繁冗的环节,在众多的环节中,农业项目投资评估扮演着非常重要的角色。在进行农业投资项目评估之前,投资者很有必要对投资项目管理周期有一个清晰的认识。投资项目管理周期,指的也就是依据项目建设过程当中的各个活动规律,分别在不同的阶段在项目活动进行当中给予规范、合理的程序化管理。目前,我国农业投资项目管理依然位居初级、起步阶段,想要发展得更好还有必要对其更进一步规范、完善。将以往实践中总结出来的经验加以分析,可以看出,我国农业投资项目管理周期大体上可分为三大阶段,分别是:

(一)前期准备阶段

在前期准备阶段,主要包括投资机会研究,给予投资项目意见,给予该项目可行性分析,对该投资项目给予评估,正式立项,签订有关投资项目(或者是贷款)的合同书,针对投资项目的扩大、拓展给予设计等内容。

(二)项目实施阶段

在农业投资项目具体实施的整个过程当中,一定要把工作重点放在强化巩固管理,严格遵循投资项目评估报告以及投资项目的扩大、拓展方面。为了有效地保证投资项目能够实现最大化的高效益,实现预期目标,在投资项目实施过程当中,一定要严格遵照计划管理、资金管理、物质资源管理、工程设计技术管理,有效地建立起一个健全、规范、合理的统计、会计核算制度,并且在管理过程中,要给予科学、缜密的监督、检测,从而保证投资项目能够顺利、高效地实施。

(三)竣工验收阶段

应该根据投资项目文件给出的目标进行检测,验收项目是否在内容、数量、质量以及最后的效果上达到预期的目标。也要对农业投资项目报告给予质量上的评估,并不断地总结该项目在具体实践过程中的经验教训,而且要颁发项目竣工验收证书。

四、农业投资项目可行性研究

一个投资项目究竟是否行得通,就要用到投资项目可行性分析,农业投资项目也不例外。其实,所有的投资项目都是以追求效益为目的,所有的投资项目在进行决策之前,都应该静下心来,认真分析该投资项目是否值得投资,投资这个项目是否在自己的能力之内,以及该投资项目又会产生怎样的效益等各个问题,也就是有必要对投资项目给予可行性分析。

(一)可行性研究的基本概念

对农业投资项目给予可行性分析,也就是对制定的投资项目决策从诸如技术、组织管理、社会、市场营销、财务、经济等各个方面给予调查研究,并且调查分析各个方案是否行得通,而且对各个方面给予比较,从中选择出一个最优效果的方案的整个分析研究活动,它极大地提高了投资决策的合理性、规范性。

一个规范、完整的可行性研究报告至少应该包含三大方面的内容:其一,研究分析该投资项目建设是否有必要。其主要是根据市场的预先推测工作来实现。其二,对该投资项目建设给予可行性分析。其主要是根据生产建设所需条件、所需技术分析以及生产工艺论证来实现。其三,分析该投资项目建设是否具有合理性,也就是分析财务上盈利情况是否合理,其主要是根据该投资项目效益分析来实现。

对农业投资项目给予可行性研究,其主要的任务就是针对拟建的投资项目给予投资方案规划,所需工程技术分析论证,经济效益的研究与预测,通过对各个不同方案进行比较和评价,从而为项目决策提出真实、可靠、行得通的建议,并且针对该投资项目是否值得投资和如何进行投资的问题给出详细、明确的回答。

(二)农业投资项目可行性研究的主要内容

给予农业投资项目可行性分析时,应将以下六大方面的内容考虑在内。

1.技术方面

针对农业投资项目在技术方面给予可行性分析时,一定要将诸多因素考虑在内,比如土地、水资源、地理方位、气候条件以及农业生产情况等其他自然因素。但是,做到这些远远不够,我们还需要针对下面的主要问题给予特别考虑。

其一,目标一定要清晰、明确,技术方案设计应该紧紧围绕着该投资项目目标进行,务必要做到该投资项目能够推动农村社会经济的发展,能够增加农民的收入,能够改善我国的生态环境。

其二,农业投资项目采取的重要、关键性技术一定要符合当地的具体情况,而且要与时俱进,体现出先进性,而且能够熟练地运用该技术,并采取有效的措施保障技术宣传推广和农民的使用。

其三,因为我国的农业有着十分复杂的环境,需要有各种不一样的可供选择的技术方案进行研究、分析、对比,且技术参数要科学、规范、合理。

其四,除了对核心农业技术给予科学性分析以外,我们还需要留意分析该有关的配套技术能否行得通,并且为了保证该项目的经营效果,必须将涉及的销售、储存、运输、加工等其他环节的技术问题给予综合分析考虑。不仅如此,农业生产过程中的产前、产中、产后的产业化经营链一定要在技术方案研究设计里清晰、明确地体现出来。

其五,农业项目一定要在该项目区域内,进行小范围的实验研究和宣传推广示范,从而确保各个技术参数可靠、有效,从而保证投资项目技术方面的可行性分析是可靠、准确的。

2.组织管理方面

在中国大部分农村地区,经济发展依然十分落后,常常会遇到这些情况,诸如管理人员没有经验、没有受到有关管理方面的训练,服务体系不健全、规范,服务设施传统、落后,工作水平十分低下,数据资料没有及时更新以及信息准备不足等,所有的这些问题,都会使得农业投资项目在组织方面的可行性分析中,变得更加复杂。所以,进行农业投资项目在组织方面的可行性分析时,要重点强调以下几个方面的内容。

其一,分析该农业投资项目管理机构本身是否科学、规范、合理。

其二,分析该农业投资项目管理机构是否能够与国家或地区政府有关职能部门有效地衔接、协调起来。

其三,分析该农业投资项目管理机构中的权利、责任、利益是否清晰明了,特别要留意怎样去确保农民的利益,而且要通过相关的措施来有效地激发农民参与到该投资项目中的热情。

3.社会生态方面

因为农业投资项目在建设过程当中,会出现经济再生产和自然再生产交织在一起的情况,所以在给予农业投资项目可行性分析时,一定要将社会生态方面的问题考虑在内,主要有以下几个方面。

其一,分析该农业投资项目是否能够提升农民的收入,是否能够使得贫富之间的差距越来越小,并且在大力生产的同时,是否做到生态环境的保护,以及是否推动农业的可持续发展。

其二,分析该农业投资项目是否能够为人民创造出更多的就业机会,从而有效地解决农村剩余劳动力这一重大问题。

其三,分析该农业投资项目是否能够使人民的生活质量提高一个档次,特别是在农村,农业投资项目的发展应该做到提升、改进、完善农村文化教育事业,提升、改进、完善农村交通运输以及通信网络条件等其他工作。

4.市场营销方面

置身于市场经济条件之下,农业投资项目生产出来的产品是否有适合销售的路子,将对农业投资项目的建设起着决定性作用。因为农产品存在不易储存的特点,所以农业投资项目在市场营销方面的可行性分析也就变得特别重要。

其一,该农业投资项目是否能够在有利价格这一前提之下将农产品及时、足量、通畅地销售到外面,以及农业投资项目有着怎样的市场竞争力,以及该项目有着怎样的市场前景。

其二,该农业投资项目所需要用到的投入资源是否能够在确保产品质量、数量时,通过合理的价格给出。

其三,针对该农业投资项目农产品的销售环节,政府是否有一些优惠措施,特别是针对农业土特产产品方面,以及政府对该农业投资项目有着怎样的影响。

5.财务方面

站到参与到农业投资项目的人的角度进行分析,紧紧围绕着参加者的利益给予项目成本与效益方面的分析,就是农业投资项目在财务方面的可行性分析。参与到农业投资项目的人首先是那些独立自主经营的农户,还有一些金融企业、农村合作经济组织以及农产品加工企业等。这也就需要农业投资项目的所有参加者在财务分析方面,给出编制财务预算,并且要判别断定该投资项目是否能够为参与者带来真实、合理的收益,且该投资项目是否有着充足的周转资金去满足项目业务开展的各项要求,以及该投资项目有着怎样的偿债能力等。农业投资项目在财务方面给予可行性分析时,也需要将以下几个方面内容进一步考虑在内。

其一,首先要考虑到该农业投资项目是否能够保证所有参与项目的农户有利益可谋求,从而有效地激发、调动农民参与该投资项目建设的热情和积极性。

其二,该农业投资项目是否在农户预算的基础之上,进一步有效地对该项目所需要的贷款进行分析。

其三,为了鼓励农民积极参与到该投资项目中来,应对政府所采取的一系列刺激手段所产生的效果给予分析。

其四,在将以上各个方面都综合考虑在内的基础之上,也需要为该投资项目编制出一份"项目投资现金流量表",分别去计算该投资项目在财务方面增量净效益和财务净现值、财务内部收益率和投资回收期。

6. 经济方面

农业投资项目是否能够有效地推动我国整个国民经济的发展,并为我国国民经济的发展贡献出一份力量以及这份贡献是否能够与已经消耗掉的有限资源相对称,将是决定该农业投资项目究竟能否行得通的一个非常重要的衡量因素。针对该投资项目是否能够为我国国民经济的发展带来经济利益方面的分析,就是农业投资项目国民经济分析,也可以称作农业投资项目经济费用效益分析。针对农业投资项目给予国民经济分析时,需要将以下几个方面的因素考虑在内。

其一,该投资项目究竟对我国国民经济起到怎样的作用,以及能够为国家提供多少高质量、优质的农产品。

其二,该投资项目在实施过程中,有限的资源能否得到最合理、有效的利用。

其三,在综合分析以上因素的基础之上,要及时调整价格失调的情况,编制出"项目投资经济费用效益流量表",而且也要针对计算项目的经济净现值和经济内部收益率给予认真、详细的分析,从而判定该投资项目是否具有经济方面的可行性。

五、农业投资项目评估

投资项目评估是在项目着手准备之后,将相关的专家组合在一起对该项目给予实地考察,并且善于注重从国家宏观经济角度对于该项目所涉及的方方面面给予综合性、系统性的检查,并且针对该项目的可行性研究报告给予可靠的评价,它对于项目究竟能否顺利执行有着非常重要的作用。

(一)项目必要性评估

项目必要性评估主要站在宏观和微观的立场来分析该投资项目建设是否必要,比如该项目的建设究竟是否与国家经济开发的总目标以及我国农业产业政策相符合,是否有力地推动了农村地区的经济活力,是否有利于推动我国农业的可持续发展,以及是否推动我国农业资源的正常配置和高效利用,并且改进完善了生态环境。

(二)项目建设条件评估

任何投资项目都必须要在某一特定的条件下进行,它有力地规定了该项目是否能够顺利实施。一个投资项目,即使理论上分析值得投资,但是该项目所需要的条件并不完全具备,则该项目仍然不易成功。特别是因为农业项目要受到诸多因素的约束,在项目评估的过程中更要给予项目建设条件评估足够的重视。其涉及的主要内容有以下几方面。

1.资源条件评估

其主要是评价对于该投资项目所需要用到的资源是否已经落实,是否符合项目需求,是否具有利用以及开发价值。

2. 投资项目所需要的投入物供应条件评估

其主要是评价该投资项目所需要的诸如品种、化肥、原材料、能源等各种资源是否能够在质量、数量上都能遵循项目的要求及时、有效地给出供应，资源供应渠道是否畅通，以及采购方案能否行得通。

3. 投资项目产品销售条件评估

该评估是确保投资项目效益得以顺利实现的非常重要的内容，着重评价重要项目产品生产基地是否有着科学、合理的布局，产品有着怎样的销路，销售条件诸如市场、交通、运输、储存、加工等各个方面的条件是否与该投资项目所要求的相符合。

4. 科学技术条件评估

该评估着重去评估科学技术基础设备以及人员配置；农工文化水平以及接受新知识的能力，是否能够与该投资项目所需求的新工艺、新技术、新设备等各个方面的需求相符合，培训员工的条件怎样，以及改进、改善科学技术水平的措施。

5. 政策环境条件评估

该评估强调评价政府对于该投资项目有着怎样的特殊优惠政策，该投资项目开展过程中有没有比较好的政策环境条件。

6. 组织管理条件评估

该评估强调该投资项目管理机构是否在朝健全、科学、规范、合理的方向发展，该投资项目能否有效地带动起农民，科学技术培训以及宣传推广方案是否已经落实到实处，能否为了有力地推动该投资项目的顺利进展，提供比较好的组织管理条件。

（三）开发方案评估

开发方案在整个开发项目设计中位居主要位置，简单说来，就是开发什么以及怎样开发的问题,主要涉及该投资项目的规模及布局、产业结构、技术规划、工程设计以及时间顺序安排。

1. 项目规模及布局评估

着重评价该投资项目有着怎样的格局及范围,布局有着怎样的区域范围以及是否体现出合理性,包括多少农户,投资项目本身所具备的资源条件、技术条件等其他条件是否合理。

2. 产业结构评估

着重评价该投资项目是否存在科学的、合理的、规范的产业结构和生产结构,是否与产业政策相符合,是否能够有效地提升农村经济的综合生产能力。

3. 技术规划评估

科学技术是第一生产力,在农业投资项目中位居重要位置。我们不能犯只是强调物质资料的投入,忽视、否定科学技术这样的错误,要大力推动资金、科学技术、物质资料、信息以及人才的整套投入。所以,在进行评估时,要着重强调科技方面的评估,着重评价该投资项目所采取的各种农艺、工艺、技术、设备是不是经济、有效,是不是与政府的技术发展政策相符合,是不是降低能源消耗,并且获取最大化的效益,以及是不是与农村实际发展情况相符合。

4. 工程设计评估

尤其是针对一些农田水利水电建设、农业设施建设、农产品加工等项目,要严格遵循项目的需求,强调审查工程所设计出的种类、数量、建设规格标准方面,对各个不同设计方案给予比较,从而做出有效、合理的断定。

5. 时间顺序评估

农业投资项目所涉及的范围很广,参与进来的农民也非常多,怎样确保该投资项目是在有效规定的时间范围之内井井有条地根据计划执行,合理的时间安排是在投资项目开发方案中一个非常重要的内容。应该对投资项目着手阶段的时间、顺序是不是合理,该项目所需要的资金、物质资料准备以及投入是不是已经安排妥当并与该项目需求相符合,该项目在具体实施的过程当中时间已经给予最科学、规范的时间顺序安排。

(四)开发投资效益评估

投资效益评估位居整个项目评估中的核心位置,以上所涉及的各个评估内容其最终目的都是为了确保该投资项目能够有良好的效益。具体说来,该评估主要强调以下几个方面。

1.基本经济数据的鉴定

这是进行效益评估时的重要凭据,基本经济数据给予鉴定之后,要确定其是否已经达到规范、合理的程度,比如各个方面成本的预估,项目效益的预估等;不仅如此,还要研究确定各项基本经济参数是不是已经规范、合理,诸如每亩田地的播种量、消耗多少水量,草场所能够承载的畜牧量等。

2.财务效益评估

这主要是针对两方面的评估,分别是盈利能力以及贷款偿还能力。其中,盈利能力评估指标主要包含该投资项目总共投资收益率、项目资本金净利润率、财务净现值以及投资回收期等方面;贷款偿还能力评估主要包括利息备付率、偿债备付率、资产负债率等方面。不仅如此,还有评估项目对农民的带动作用以及农民收入的增加情况。

3.国民经济效益评估

着重针对该投资项目是否促进了我国整个国民经济的效益给予评估,诸如有限的物质资料资源是不是已经进行规范、合理的利用,经济净现值、经济内部收益率等各项国民经济评价指标是不是已经符合规定的诸多要求。

4.社会生态效益评估

不得不说,农业投资项目特别要强调各种各样的资源,诸如土地、水源、气候等其他资源的有效开发利用,而且要注重给予生态环境方面的保护。所以,必须要根据具体项目,具体对待,针对该项目的诸多效果,比如收入分配情况、就业情况、自然资源节约程度、环境保护等各个方面给予合理性评估。

5.不确定性及风险评估

投资项目可行性分析是在事情发生之前进行的预先推测工作,不管事前我们多么未雨绸缪,但是未来仍然会碰到许多无法预知的不确定因素,造成项目必然会有一定的风险,导致项目投资效益有着不稳定性。所以,我们应该针对投资项目给予不确定性因素研究、分析,包含盈亏平衡分析、敏感性分析和概率分析,还要去衡量测试这些不平衡性因素究竟对于项目财务效益和国民经济效益有着怎样的影响,以及影响程度怎样,并找出关键性、敏感性因素,从而有效地判断出该项目有着怎样的风险。

6.评估结论

在以上所有评估内容都完成之后,有必要对各种各样的重要问题做出项目评估结论,并且有针对性地提出各种结论性意见。主要内容包括:该投资项目是不是有必要进行;该项目投资所需要的各种条件是不是已经具备;该项目投资开发方案是不是已经科学、规范、合理;该项目投资是不是已经落到实处;投资效益是不是良好以及有着怎样的风险程度;项目投资具体开展开来应该采取哪些政策措施;针对评论结论性意见,明确标明自己同意哪些立项,不同意哪些立项,或者对该项目投资可行性规范进行不断的修改,或者重新进行设计,或者建议推迟立项的时间,待各项条件都已经具备之后再进行立项，并阐述自己的理由。

第二节　农业经济核算

所有的物质资料在生产过程中，都会伴随消散损耗一定量的物化劳动和活劳动，[①]并且取得某些生产成果。但是消散损耗掉的物化劳动和活劳动存在的价值与取得生产成果的存在的价值进行比较，看是不是有助于生产者，就有必要进行有关农业经济核算。通过给予农业经济核算，将生产经营取得的成果与项目参与者所取得的物质利益紧密联系在一起，从而能够有效地激发、调动项目参与者的积极性和创造性，进而有效地实现降低消耗，提升经济效益。

一、农业经济核算基本原理

农业经济核算所涉及的范围很广泛，而且操作程序也比较复杂，但是却有着非同凡响的影响，所以应该增强经济核算力度。相应地也就有必要了解农业经济核算的重大意义，而且要掌握关于农业经济核算的基本原理和有关知识，并且明白关于农业经济核算的内容以及方法。

（一）农业经济核算的概念和作用

1.农业经济核算的概念

所谓农业经济核算，指的是在进行农业生产经营的流程当中，对于物化劳动和活劳动消散损耗以及所取得的相应的生产成果所给予的记录、计算、分析以及对比，其最终目的是凭着较少的

---

① 指物质资料的生产过程中劳动者的脑力和体力的消耗过程。

消散损耗取得最大、最好的生产成果。

2.农业经济核算的作用

进行农业经济核算能够确定生产单位以及全社会的生产消散损耗情况和最终取得的生产成果,并针对盈亏情况找到其中的原因,并且找到减少物化劳动和活劳动消散损耗的方法。

进行农业经济核算能够推动国家制定出宏观范围内的农业经济策略,并明确投资的方向是什么、投资的重点是什么,并能够为调节、整顿产业结构依据农作物区域范围布局方面提供科学、规范、合理的经济技术依据。

进行农业经济核算能够准确无误地核算出农业生产所取得的经营成果,有助于清晰明了经济责任,避免"吃大锅饭""干与不干一个样,干多干少一个样,干好干坏一个样"的事件发生。

进行农业经济核算能够更有力地保护集体公有财产,大大减少公有资产流失、消耗和浪费的情况发生。

进行农业经济核算能够充分挖掘生产潜力,使定量、限制的资源条件能够发挥出更大、更有效的作用。

(二)农业经济核算的内容和方法

1.农业经济核算的内容

在农业生产经营过程中,涉及的经济核算主要包含三大方面,分别是资产核算、成本核算和盈利核算。

所谓资产核算,指的是农业生产在经营过程当中,针对企业资产诸多方面的内容,比如来源、数量、价值、构成、增减变化等,研究讨论如何提高资金利用率的各种方法。这也是农业企业生产经营过程中的基础部分。

所谓成本核算,是对农业生产在经营过程当中产生的各种消散损耗给予计算并进行分析比较,熟悉成本是怎样构成的、成本是多少、成本增减情况是怎样的,从而揭示出成本为什么升降的原因,从而便于找到节约成本、提高利润的方法。

所谓盈利核算,指的是核算农业生产的利润额和利润率。盈利的多少是权衡测量农业生产经营成果的一个非常重要的指标。根据核算出的盈利,能够针对农业的生产经营成果给予各种考核,从而有效地促进企业持续不断地节约成本,减少资金占有,加快资源运转周期,从而推动盈利的增加。

2.农业经济核算的方法

农业经济核算的基本方法包括三大方面,分别是会计核算、统计核算和业务核算。其中,会计核算是通过货币的形式对农业在生产经营的流程当中给予全面、系统、有效的记录、计算、比较、研究分析和总结。所谓统计核算,则是通过采用诸如货币、实物以及时间等重要量度指标,有效地计算、研究、分析农业企业的经济现象,进而能够准确地反映出农业企业和社会的经济活动。所谓业务核算,则是针对农业企业、其他个别作业领域中给予的核算分析。站在企业或单位的角度来讲,最重要的要数会计核算了,但是又因为这三种方法侧重点是不一样的,彼此不同却又彼此互相联系,所以在具体实践中,应该把三种方法有效地结合在一起,只有这样,才能全面、有效地反映出农业企业的真实经营情况,因而在经济核算领域里,才能够发挥出更加有效的作用来。

二、农业成本核算

(一)农产品成本核算的意义

农产品成本指的是在农业生产经营的过程当中,所消散损耗掉的生产资料和劳动报酬费用的总和。农产品成本核算指的是在农业生产经营过程当中,在某个特定时期发生的,用货币形式表现出来的生产损耗,根据他们的用途给予汇集、分配,从而核算出不同种类的产品的实际情况成本以及单位成本这样的一个过程。

农产品成本是一项非常重要的综合性衡量指标。农业劳动生产率是高还是低,物质原材料和机器设施的利用程度怎样,以及经营管理水平怎样等,都会相应地通过成本衡量指标有效地反映出来。如果成本降低,则表明活劳动和物化劳动消散损耗的减少。单位农产品成本则指的是在生产每一单位农产品所消散损耗掉的生产资料和劳动报酬费用的总和,某个种类的农产品的单位成本则指的是该品种农产品成本与该品种农产品总产量之间的比值。所以,我们可以看到,单位农产品成本是高还是低,既受到农产品产量的决定,同时也受到农产品成本的决定。所以,我们可以这样说,节约单位农产品成本表明企业以消散损耗掉同样的生产资料和劳动,来生产出更多量的农产品。根据成本核算,能够对各种生产的消散损耗进行有效监控,从而有力地推动企业或者核算单位减少单位人、财、物方面的浪费,从而节约成本,提高盈利,同时也能够为国家制定农产品价格策略给予参考的依据。所以,农产品成本核算这个环节做好了,对于促进农业企业或者核算单位提升管理水平,完成增产、减少浪费,以及增加国家给予农业生产方面的宏观领导和调节控制都有着非常重要的作用。

(二)农产品成本费用项目构成

如果想准确无误地核算出农产品的成本,也必须要确定该农产品的成本究竟是由哪些费用项目所构成。虽然不同种类的农产品费用是由不一样的费用项目所构成,但实质是一样的,都包含以下几个环节。

1.直接生产资料费用

该费用指的是在农业生产的过程当中,直接消散损耗的生产资料,如种子、化肥、农药、燃料、水源、饲料等生产资料所产生的费用。

2. 直接人工费用

该费用指的是直接参与到农产品生产中来的员工的工资、奖金、津贴以及按照规定所给予员工的补助、福利费用。

3. 间接生产费用

该费用指的是在组织、经营、管理生产活动所给予的各种费用，诸如办公用品费、出差费、员工培训费、固定资产的折旧费、租赁房屋费、水电费、各种保险费、修理机器费用等各个间接费用。

确定了成本项目由哪些部分构成，就能够给予成本分析，对各种消散损耗成本的执行情况给予考核，从而找出农产品成本为什么升降的原因，从而有效地采取正确的措施进行有效解决。

（三）农产品成本核算的基本要求

为了高效完成成本核算的目的，有效地发挥出成本核算的影响力，在给予农产品成本核算时，务必要做好下面的工作，从而保证各项成本的全面性、真实性、合理性、准确性。

1. 做好成本核算的基础工作

我们都知道，只有打牢了地基，才能建造出牢固的房子。进行成本核算时，依然如此。做好成本核算的基础工作，其意思就是构建起各种健全、有序的原始记录和制度，诸如构建起定额制度，并且严格遵照规章制度进行物资的计量、收发和盘存。我们必须将成本核算的基础性工作做强、做好，才可以为核实计算各项消耗、分摊各项费用奠定坚实的基础，从而给予真实、合理、准确的依据。

2. 正确区分成本费用的界限

给予农产品成本核实计算时，一定要严格区分出成本费用的各个界限。首先，一定要准确区分出成本费用和期间费用之间的界限。

其一，我们要准确区分出成本费用与非成本费用之间的界限。农业企业有着各种各样的费用支出，有些组成了资产，有些进行偿还债务，有些给予缴纳税金，有些则提供对外投资。不仅如此，还有其他一大部分费用组成了企业的成本费用。但是，企业务必针对各种各样的费用支出给予认真的核实、检查，从而有效地监督控制各种成本开支。在一般情况下，下面列出的费用不能列入产品成本：购买的固定资产、无形资产以及其他各项资产的支出；对外投入资金的支出；没收掉的财物，滞纳金、违约金、赔偿金以及各种支援帮助的支出；在国家法律、法规规定之外的各种资产支出等。

其二，也要准确把生产成本与期间费用之间的界限区分开来。与农业相关的直接费用和间接费用能够当作生产成本。农产品营销费用、经营管理费用、各项财务费用，都不能列入生产成本，只需要记录出当期①情况下损失和收益。如果以农户为单位从事生产的话，除了相关的招待费、财务费用、营销费用之外，经营管理人员既充当着管理者的角色，也充当着生产者的角色，所以管理人员工资费用也是生产成本的一部分。如果该企业为大型农业企业集团，那么该厂所有管理人员以及各种管理活动所产生的费用，也应该严格遵照国家企业财务通则以及会计准则的有关规定，列入、计算到管理费用中来，而不应该对其列入、计算到农产品成本中来。

其三，要准确地将当期成本费用和非当期成本费用之间的界限区分开来。从事农业生产经营的过程当中，有一部分费用是在本期所发生的，而且仅仅与本期相关，比如企业在支付本月生产员工的工资时，那么该项支出应当作为本期费用列入、计算到产品成本中；有一部分费用是在本期发生的，但是有关受益期并不是只涉及本期，比如企业在房屋租赁方面，一次性提供给出租企

---

① 当期数是指某一时段内对经营成果的统计（发生数的合计情况），是一个"时间段""时期"的概念。

业一年的费用,如果将这项支出完全列入、计算到当期成本费用中,那么必然会造成当期成本过高的情况,如果出现后面各期成本偏低的话,也必然会造成每个月里成本费用是不平衡的,而且不方便企业管理者根据有关数据察看企业各项成本、费用的变化趋势;有一部分费用虽然在当期情况下,并不需要支付,但是后面各期必须要支付,比如企业在每一个季度支付给银行的利息费用,假如将这项费用完全列入、计算到支付当月的费用中来,必然会出现支付当月成本费用的猛然大增,同样计算出的各月产品成本也很难准确。现行财务会计制度有所规定,企业应该严格遵循权利、责任发生制原则来准确判断当期的收入和费用。

其四,要正确地将直接费用与间接费用区别开来。各项直接费用能够直接列入、计算到农产品生产成本中来,比如直接生产农产品的生产资料,像种子、幼苗、肥料、水源、电力等各项费用。间接费用则一定要根据一定分摊标准分摊后列入、计算到产品生产成本中来,比如在从事温室花卉生产的时候,因为花卉品种多种多样,温室的折旧费不能直接列入、计算到某类花卉的生产成本中来,但是能够根据花卉的生长时期以及所占据的温室面积给予分摊。但是,直接费用和间接费用之间并没有严格、绝对的划分指标,一般情况下主要是看该项费用能不能直接列入、计算到某一类产品的生产成本中来,能够直接列入、计算的农产品生产成本,则该项费用是直接费用。不能直接列入、计算到的农产品生产成本,则该项费用是间接费用。比如农民们针对全部农作物给予农田灌溉时,如果种植的农作物为同一种类的产品,比如玉米,那么该灌溉费用能够直接列入、计算到玉米成本中来,这时的灌溉费用属于直接费用;如果所种植的农作物不仅有玉米,而且也有花生、大豆等,那么该项灌溉费用则应该根据各种农作物的种植面积实行分摊,这时的灌溉费用属于间接费用。

其五,要准确地将当期完工产品和期末完工产品费用之间的界限区分开来。本期收集容纳到某个种类的农产品上的生产支出费用总额,则理应由当期完工产品和期末完工产品共同负担,所以应该采用合适的分配办法给予分配。具体实践中，既可以根据完工产品和未完工产品总共的数量给予分配，也可以根据定额成本给予分配，对于那些生产工艺相对来说比较复杂的产品来说，也能够根据约当产量法①给予分配。因为生产费用在完工产品和期末完工产品的分配过程中，存在估计成分，所以在成本核算的过程当中，应该要大力避免随意增加期末在产品成本，调整完工产品成本方面的做法。

3. 正确核算人工费用

人工费用究竟是多还是少，是取决于活劳动的消散损耗掉的活劳动工值的。所以，要想正确地核实、计算出人工费用来，不仅需要正确地计算出消散损耗掉的生产资料，也需要明确地判定活劳动的工值。

一般情况下，消散损耗掉的活劳动是根据标准劳动日进行计算的。通常情况下，一个中等劳动力工作 8 小时规定为是一个标准的劳动日。平日里，只需要记录每个劳动力进行产品生产的真实劳动时间，期终再折算出标准劳动日，计算应该依据以下公式：

$$标准劳动日＝劳动时间÷8×折算系数$$

至于折算系数是多少，则应该根据每一个劳动者各自的实际劳动能力给予确定，如果是一个中等劳动力，则折算系数为 1；如果是一个上等劳动力，则折算系数为 1.2 或者 1.5 等其他系数；如果是一个下等劳动力，则折算系数为 0.8 等。列入、计算的活劳动的消散损耗包含两部分，分别是直接用工以及应该实行分摊的间接用工。

至于劳动工值应该是多少，则应该根据劳动力再生产所需要的生活费用标准给予核算。这里的劳动力再生产所需要的生活

---

① 是根据月末在产品盘点的数量用技术测定，定额工时消耗或凭借经验估计，确定它们的完工程度，再按完工程度，将在产品折合成产品的数量，然后将产品应计算的全部生产费用，按完工产品数量和在产品约当量进行计算，求出单位成本、完工产品成本和在产品成本的计算方法。

费用,指的是用在衣、食、住、行、各种劳动用品、文教卫生等各个方面的总支出。计算标准劳动日值,应该根据下面的公式:

$$标准劳动日 = \frac{全年必需生活费用支出总计}{全年所做标准劳动日数总计}$$

(四)农产品成本核算的基本步骤

在核实、计算农产品成本时需要一定的步骤。所谓农产品成本核算的步骤,指的是农业企业在从事生产经营的过程中所产生出来的各项费用,根据多种不一样的成本核算对象,给予归纳收集和分配,进而明确断定各个不同核算对象产生的总成本和单位成本的方法。其基本步骤有:

1.确定成本核算对象

这里的成本核算对象,指的就是各项费用所属于的对象,其是用来计算产品成本的重要依据。农业企业要通过生产经营特点和管理要求明确断定成本核算对象,对于那些主要产品来说,其成本应该给予单独核算;对于那些次要产品,其成本应该恰当有效地合并在一起,根据类别核算。

2.按成本核算对象正确归纳收集和分配各种直接费用

所有在生产某类农产品的过程当中,所产生的各种直接费用,应该直接列入计算到与其相对应的产品成本中来,假如这项成本费用是在生产多个种类的产品一起消耗使用的,那么这项成本费用应该根据一定标准将各个种类的品种分配在一起,然后再列入、计算各类有关的产品中来。

3.分配制造费用

所谓分配制造费用,指的是各个企业在农产品生产经营的过程中,从事组织和管理产品方面的工作所产生的间接费用,其应该由各个受益对象共同负担。所以,应该采用适当的标准在各个不同的成本计算对象之间给予分配后再列入、计算到产品成本中来。经常使用到的分配标准有：根据直接从事生产的员工劳动时间进行分摊；根据直接从事生产的员工工资进行分摊；根据物质原材料成本分摊；根据直接成本进行分摊；根据产品总产量进行分摊；根据农业生产占据农业设备的总时间和总面积进行分摊。

4.计算产成品和在产品成本

根据以上各个步骤，企业本期产生的费用应该列入、计算到生产成本的费用都已经收集归纳到各个成本核算对象时，最后还有一道程序要走，那就是核实、计算产成品成本。假如该项产品无论是在期初，还是在期末，都有产品成本，则必须要采取合适的方法先明确期末的产品成本，接着核算出产成品的总成本和单位成本。依照以下公式进行：

产品总成本＝期初在产品成本＋本期发生的成本费用－
期末在产品成本

$$单位产品成本＝\frac{产品总成本}{产品产量}$$

（五）农产品成本核算的方法

这里的农业指的是广义范围上的农业，主要包括农林牧渔业，因为各行各业生产都有自身特有的特点，农产品成本又有着不完全一样的项目构成，所以各行各业成本核算的方法也是不完全一样的。

1.农作物产品成本核算

进行核实计算农作物的产品成本时，一定要确定成本核算对象是什么，首先给予费用的核算，接着再给予农产品成本计算。

（1）成本核算对象

农业企业应该遵循种植业各自生产特点和各项成本管理的要求，依照"主要从细，次要从简"的原则，明确种植业成本核算对象是什么，其主要产品确定为小麦、花生、稻谷、芝麻、剑麻纤维等产品。针对这些主要产品,应该单独核实计算其生产成本;主要产品之外的农产品可以合并核实计算其生产成本。

（2）成本计算期

农业企业应该与生产周期保持一致,在农产品产出的当月核实、计算成本。

（3）成本费用的核算

农作物产品成本的费用来源于下面的几种:

其一,种子费用。其计算公式为:

种子费用＝每种农作物的实际种植的数量×种子的单价

购买种子的成本费则应该根据购买的价格加上运杂费[①]、所交的税金加上入库之前进行一系列挑选整理费用等其他实际计价;对于那些自产自用的种子则应该根据国家相关规定给予价格计价。

其二,肥料费。

从外面购买到的肥料应该根据实际买价加上各项运杂费计价;对于自产自用的肥料应该根据市场价格计价;对于农家肥来说,应该根据国家相关部门规定的统一价格或者进行估价计价。

其三,农药费。

从外面购买到的农药应该根据采购价、途中遇到的合理损失消耗以及运杂费等进行计价;对于自己生产的农药应该根据市价计价。

其四,人工费用。其计算公式为:

农作物的人工费用＝该作物的标准劳动日×标准劳动日值

其五,机械作业费。

如果农作物只有某一种,应该根据实际支付的作业报酬各项记录,核实、计算出机械作业费;如果农作物有很多种类的话,应该根据实际支付的作业报酬各项记录,接着再按照各种农作物的

---

① 卖方要将货物运往买方所在地,于是就产生了中间的运费与其他一些小费用。

具体实际作业总量核实、计算出应该分摊的机械作业费；对于自家有机械进行耕作的，应该根据同种类作业市价首先核实计算出亩成本，再根据各种农作物的具体实际机械作业总量核实计算出应该分摊的机械作业费。其计算公式如下所示：

$$机械作业械作业 = \frac{机械作业费用总额}{全年机械作业完成标准亩}$$

其六，排灌作业费。

支付给水电有关部门的生产水电费用，应该根据实际支付的费用列入、计算到不同种类的农作物的成本中；对于自家有排灌设施的情况，与机械作业费有着类似的核算方法，但是不同点在于，作业量的单位应该变为亩次。

其七，畜力作业费。

该项费用指的是各个种类的农作物在给予成本核实、计算期间使用役畜进行田间耕作以及输送的费用。其计算公式为：

$$畜力作业力作业 = \frac{畜力作业费成本总额}{畜标准工作日总数}$$

$$农作物应摊畜力作业费 = 该农作物畜力完成的标准工作日 \times 畜力作业日成本$$

其八，其他直接费。

以上所举的费用都不包括在内的直接费用。

（4）产品成本的计算

等各项费用都核实、计算出后，就能够根据各个种类的种植面积和产量来有效计算出产品成本。其计算公式如下：

$$某农作物的总成本 = 直接生成颜料费用 + 直接人工费接 + 间接生产费用$$

$$某农作物单位面积（亩）成本 = \frac{某作物总成本}{某作物播种面积（亩）}$$

$$某农作物主产品单位成本 = \frac{某作物总成本 - 副产品价值}{某作物主产品产量（千克）}$$

在实际工作中，进行农作物产品成本计算时，通常情况下是根据农作物产品成本计算单来完成的，具体格式，如表 6-1

所示。

表 6-1 农作物产品成本计算单

项目	作物种类			
	棉花	玉米	小麦	…
播种面积/亩				
总产量/千克				
人工费用/元				
种子费/元				
肥料费/元				
农药费/元				
机械作业费/元				
排灌作业费/元				
畜力作业费/元				
其他直接费/元				
农业共同费/元				
管理费及其他/元				
合计/元				
生产总成本/元				
单位面积(亩)成本/元				
副产品价值/元				
主产品成本/元				
主产品单位(千克)成本/元				

还有几种特殊情况的成本计算应该根据下面的方法进行。

其一,对于间种、套种和混种作物产品给予成本计算时,应按照下面的公式进行:

$$某作物产品总成本 = \frac{各种作物成本费用总额}{各种作物播种面积之和} \times 某种作物播种面积$$

$$某作物的播种作物 = \frac{某种作物的实际播种总量}{该种作物单播时单位面积定额播种量}$$

$$某作物主产品单位成本 = \frac{某种作物产品总成本 - 副产品价值}{某作物主产品总产量}$$

其二,对于多年生作物产品给予成本计算时,应该按照下面的公式进行：

一年收获多年生作物生产品单位成本

$$= \frac{该作物截止到收获月份累计费用-副产品价值}{该作物主产品产量}$$

多次收获多年生产品单位成本

$$= \frac{往年费用本年摊销额+本年全部费用-副产品价值}{某作物主产品本年总产量}$$

2.畜禽产品成本核算

对于畜禽产品的成本计算,主要是通过下列公式进行：

$$畜禽产禽产品单位= \frac{生产总成本-副产品价值}{产品产量}$$

$$某畜禽(群)增重单重单位= \frac{该畜(群)饲养费用-副产品费用}{该畜(群)增重量}$$

对于某畜禽(群)活重单位成本,则按照下面的公式计算：

某畜禽(群)活重单畜成本=［期初活重总成本+本期增重总成本+

购入转入总成本-副产品价值

-死畜禽残值］/该畜禽(群)活重量

$$某畜禽(群)饲养(头日)成本= \frac{该畜禽(饲养)费用}{该畜禽(群)饲养头日数}$$

3.林产品成本核算

对于那些桑、茶、果、胶等其他经济林属于多年生长期作物,在各个时期,成本核算方法是不一样的：

其一,在育苗阶段。

$$起苗前每亩苗价值= \frac{苗圃全部生产圃全部生产品价值}{苗圃面积}$$

$$每株树苗成本= \frac{(起苗面积×每亩苗圃成本)+起苗费用}{起苗总株数}$$

其二,在幼林抚育阶段。

$$每年每亩幼林成本= \frac{当年应负担的全部费用}{抚育管理面积}$$

其三,在成林提供产品阶段。

$$单位主产品成本=\frac{该产品当年应负担的生产费用-副产品价值}{主产品总产量}$$

4.水产业生产成本的核算

对于渔业产品来说,渔业产品成本核算,应按照下面的公式计算:

$$鱼苗单位成本=\frac{育苗期全部费用}{育成尾数(万尾)}$$

对于那些天然捕捞渔业来说,进行成本核算时,要遵循以下原则,也就是当年的捕捞费用全部都列入、计算到当年捕捞产品的成本中,实行分摊的方式是:

$$产品成本占售价比例=\frac{全部产品成本总额}{\sum(某种产品产量×该产品单位售价)}×100\%$$

$$某种产品总成本=\frac{某产品总成本}{某产品总产量}$$

三、农业盈利的核算

企业进行农业盈利核算时,要根据下面的公式进行:

利润总额＝营业利润＋营业外收入－营业外支出

$$成本利润本=\frac{利润总额}{成本总额}×100\%$$

$$产值利润率=\frac{利润总额}{总产值}×100\%$$

$$资金利润率=\frac{利润总额}{年占用资金总额}×100\%$$

其中,利润总额只是说明利润数量是多还是少,并不能够反映出利润水平是高还是低;成本利润率表明了投入 1 元的成本会创造出多少利润,所以农业企业应该竭尽全力提高该指标,目的是用最小的消散损耗,创造出更多的利润;产值利润率则是反映出每 1 元的产值能够包含的利润数额,企业也应该尽可能地提高该项指标,这对于企业是非常有利的;资金利润率则是有力地表明了企业运用 1 元的资金,究竟能创造出多少利润,该指标可以有效地促进企业科学、规范、合理地使用所掌控的资金。

第七章 现代农业风险及保险

现代农业生产经营过程中不可避免地会遭遇一些农业灾害，这些灾害很可能对农业活动产生伤害，而农业风险就是指因为灾害而造成损失的不确定性。农业保险是以农业风险为标的的保险，它可以帮助降低农业生产者因风险发生而造成的损失。

第一节 农业风险与农业灾害

在进行农业生产经营过程中，可能会遭受农业灾害，这种灾害会对农业生产活动造成损害。农业风险则是指在农业生产经营活动中，因为灾害而造成的各方面损失的不确定性。

一、农业风险

（一）农业风险的概念

风险是指对某些事件发生的不确定性，也可以理解为是未来结果的某种变化性。按照以上定义可以看出，风险包含了两部分内容，一方面是未达到预期的结果，也就是损失；一方面是超出预期的结果，也就是收益。保险是对未达到预期的结果给予的一定补偿，所以保险针对的是某种可能发生的损失的不确定性。这种具有不确定性的损失，就是风险损失。按照以上说法，可以将农业风险作如下解释，农业风险是指人类在进行农业生产经营过程中,因为灾害造成的财产损失、人身伤亡或其他经济损失等风险损失的不确定性。这种不确定性可以从三个方面表现出来:风险是否会发生;风险会在何时发生;风险会造成什么程度的损失。

灾害是指因为自然原因、人为原因或是二者共同作用而形成的破坏力对自然界、人类社会造成的破坏。灾害是对自然、社会造成损害的自然现象或社会现象的总称。

灾害需要一定载体才可以发挥其破坏力,这种灾害载体称为灾害事故。根据不同的载体,灾害事故会有不同的表现形式。这些不同表现形式体现为不同的灾害种类,例如火灾、洪涝、台风等。

灾害对人类社会的财富和生命健康安全造成的损害,称为灾害损失。灾害损失与风险损失并不同,前者实质上是一种损失结果,后者则是一种损失的可能性。

灾害与灾害损失的对象都是人类社会,所以具有一定的相对性,这种相对性就决定了由它们导致的各类风险同样具有相对性。

(二)农业风险的性质

1.客观性

实质上,农业风险损失就是农业风险发生后对农业生产经营带来的损害结果,通过人身伤亡、财产损失或其他经济损失等具体形式表现;灾害的发生不以人的意志为转移,人类的意愿并不会影响灾害的发生,灾害发生后造成的损失是无法避免的。

2.相对性

灾害和灾害损失具有相对性,也就是说灾害的发生只会对可能受到损害的对象造成一定风险,对于不会受到影响的农业生产者灾害并不会对其构成风险。对于不同的风险承担者来说,其认为的风险程度并不相同。

3.可测定性

农业风险损失是客观的,因为灾害的发生具有随机性、不确定性,也就是说灾害的发生是一个概率事件。

4.农业风险损失是一种损失预期

农业风险的大小,在一定程度上是由人们对客观损失的主观度量决定的。农业风险损失本身具有客观性,但是不同承受者对风险的承受能力不同,所以当农业风险发生后,其会对不同承受者造成不同程度的损失。例如,对于种植同一种农作物的两个农业生产者,针对 100 千克的损失会表现出不同态度,一方可能认为这是很大的风险,但另一方则可能认为这算不上什么风险。可以看出,农业风险损失是农业生产者对可能遭受到的损失大小的一种预期。

充分掌握和了解农业风险的性质,可以帮助农业保险更顺利地开展推行。农业保险的需求并不由客观的风险损失决定,它是农业生产者产生的需求。农业生产者认为某种客观损失可能会对其生产构成一定风险,他们就会对农业保险产生需求,希望通过农业保险转嫁风险,随后当农业生产者具备一定保险支付能力时,就会对农业保险形成有效需求。

(三)农业风险的种类

1.按照农业生产对象划分

按照这种方式可以分为种植业风险和养殖业风险,种植业风险是种植业生产经营中可能遇到的风险,养殖业风险是指养殖业生产经营中可能遇到的风险。进一步进行划分,包括粮食作物风险、经济作物风险、水产养殖风险等。

2.按风险的性质划分

按照风险性质可以将农业风险划分为纯粹的农业风险和投机性的农业风险。

3. 按照农业风险产生的原因划分

（1）自然风险

自然风险是指因为自然条件异常引起的自然灾害对农业造成的风险。自然因素和人为因素都可能引起自然条件的异常。这类自然灾害主要包括气象灾害、植物疾病、动物疾病、环境灾害、洪水、海啸等。

（2）经济风险

经济风险是指由经济环境发生变化而引起的农业风险，这是由人为因素引起的。例如，农产品价格变化、利率变化、生产资料价格变化、经济制度变革等。

（3）社会风险

社会风险是指社会条件异常引起的灾害事故对农业构成的风险，人为因素会引起社会条件的异常。

第一，政治风险。这是指因为政局变动、战争、罢工等事件对农业构成的风险。

第二，行为风险。这是指由个人或团体的不当行为构成的风险，其中包括过失行为、行为不当或故意行为。例如，纵火、恶意破坏等道德风险，管理不善、操作不当等管理风险等。

第三，技术风险。这是指由于科学技术的发展对农业构成的风险，如农业生产技术的改进、农业科学技术的应用和推广等原因造成的农业风险。

（四）农业风险的特点

1. 种类多、范围广、程度深

在全国范围内，农业风险所包含的内容非常全面，几乎包括风险的所有内容，涉及农业生产经营过程中各个环节，以及农民生活的各个方面。同时，我国发生农业自然灾害的频率较高，造成的经济损失大，对社会造成的影响也比较深。所以我国农业风险具有种类多、范围广、程度深的特点。

2. 区域性

我国国土面积大，在全国范围内发生气象灾害的频率较高，并且种类繁多，并且不同地区具有不同的地理条件，这就导致气象灾害具有一定的区域性。从整体上来看，北方发生旱灾情况多，南方发生洪涝情况多。同一地区同一灾害，如冰雹在山区出现多，在平原和盆地出现少；在迎风坡出现多，在背风坡出现少；在山脉南坡出现多，在北坡出现少。

3. 季节性

我国气象灾害具有较为明显的季节性特征，例如旱涝灾害，在春季一般是南涝北旱，在夏季变为南旱北涝；寒露风是南方晚稻抽穗开花期的灾害性天气，一般情况下，在 9 月中、下旬出现在长江中下游地区，10 月上旬出现在华南地区；霜冻灾害，在春季，一般发生在北方冬麦区，秋季主要发生在东北、华北及西北地区，冬季则主要发生在江南、华南及西南部分地区。

4. 风险单位较大

我国国土面积大，自然灾害又较为频发，所以经常会发生规模比较大的自然灾害，这种大规模灾害很可能造成较大范围的灾害损失，例如旱灾、洪涝等。

5. 风险承担者的弱小性与分散性

我国的农业生产经营方式以家庭经营为主，农业生产者中很大一部分是农户或是规模较小的农业经济组织，而这些个体是农业风险的承担者。相较于城市集中的人口以及大规模的生产经营单位，农业风险的承担者具有弱小性及分散性。

6. 风险的相对集中性

我国农业的生产方式导致农业风险具有相对集中性。工人在工厂中工作只需要负责比较单一的工作,只需要负责某一个工种,但是大多数农民在进行农业劳动时是需要参与到农业生产经营的整个过程的,尤其是家庭经营模式的农业生产更为明显。

7.风险损失的相对严重性

因为农业风险具有相对集中性,这就导致农业风险损失会相对严重。并且农业风险损失是客观存在的,但是其程度对于不同农业生产者却不同,对风险损失的度量取决于风险承担者的承受能力。在我国,农业风险的主要承担者是个体农户、规模较小的农村合作经济组织或其他农业投资者,这些风险承受个体的承担能力较弱,所以说农业风险损失具有相对严重性。

二、农业自然灾害

(一)农业灾害的概念

按照灾害产生的原因,可以将其划分为自然灾害和人为灾害;人为灾害可以进一步划分为社会灾害和经济灾害。按照灾害的破坏对象,可以将其划分为工业灾害、农业灾害等。

对于农业灾害目前并没有统一的定义,下面是两种较为主流的定义:

一般意义上的农业灾害,是指对农业生产中需要的动植物造成损害的灾害事故,主要是指农业自然灾害。也可以称为狭义的农业灾害或农业自然灾害,这是较为常用的一个定义。

扩展意义上的农业灾害,是指对整个农业生产经营过程中涉及的各个方面造成损害的灾害事故的总称。

随着社会经济的不断发展,以及人们对农业生产认识的加深,农业所包含的内容早已超越了单纯的"种"和"养";即使只从"种"和"养"的角度来说,整个农业生产经营过程除了生产对象,还包括生产要素和劳动手段；农业的生产过程，是自然再生产与经济再生产的结合；农业是社会经济系统的一个环节，它处于这个系统中是不可以单独存在的，所以它需要与社会系统中的其他子系统进行物质、能量和信息等多方面的交流，以此维持自身的健康运作。所以，农业同时受到自然灾害、社会灾害和经济灾害的影响。

可以看出，扩展意义上的农业灾害包含的内容十分广泛，它几乎包括了灾害的全部内容，农业灾害可以由自然因素或人为因素造成，也可以是由二者共同作用造成。

（二）农业自然灾害的特点

农业自然灾害指由于自然条件异常导致的灾害。农业的基本劳动对象是动植物，基本生产资料是土地资源，所以农业自然灾害是对农业生产的效果和稳定性的最大威胁。根据相关资料显示，自然灾害是我国农业的主要威胁。自然灾害对农业会造成很大损害，同时也会造成直接的经济损失。2012—2016 年我国自然灾害造成的直接经济损失和农作物受灾面积如下图 7-1 和图 7-2 所示。

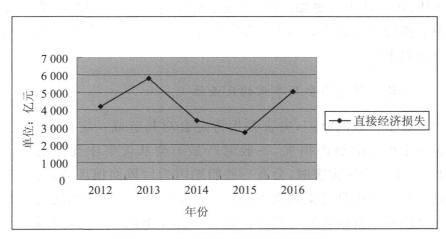

图 7-1　自然灾害造成的直接经济损失

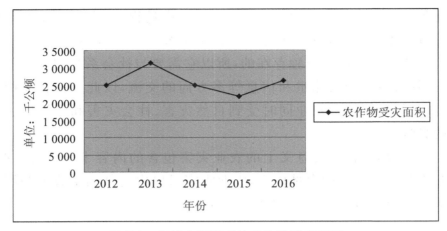

图 7-2　自然灾害造成的农作物受灾面积

农业自然灾害除了具有一般灾害所共有的特点外,还具有以下特点。

1.利害互变性

农业自然灾害会对农业造成损失是客观事实,但是在一些时候发生自然灾害后农业也会从中受益。例如,洪水会对农业生产造成很大影响,会使农业生产者遭受重大损失,但是洪水会改善土质,可以使土壤更加肥沃,这就是有利的部分。比如,因为长江中上游的水土流失,长江下游的土地变得肥沃,形成了长江三角洲冲积平原。

2.局部损失与全局丰收的反差性

对于一般的财产,灾害发生肯定会对其造成一定损害,会引起一定程度的财产损失,一般财产是不会从灾害中受益的。例如,当发生台风灾害时,会有一些船舶因为台风而损坏或是丢失,但是在台风中没有受到损害的船舶不会受益,它不会因此变得更为坚固或是直接升值。但是在农业灾害却不同。例如,台风会使在其中心未知的农作物受损而造成损失,但是在中心区域附近没有收到台风直接影响的区域,可能会因为台风带来的降水解除旱情,这些地区的农作物会因此受益,所以台风在造成危害的同时创造了丰产的条件。正因如此,可能会出现农作物不受自然灾害的影响,甚至是因此受益的现象。

3.损失的自愈性

农业自然灾害的破坏对象是具有生命的动植物,动植物的机体和功能具有一定自我恢复能力。在发生自然灾害后,受灾动植物的生活技能如果并未丧失,就可以发挥它们的自愈能力,如果为这些受灾动植物提供合适的生长条件,并进行科学合理的维护和管理,那么它们就可以充分发挥自愈能力,这样就会降低自然灾害带来的损害。

4.成灾的条件性

自然现象对动植物的生长发育造成何种影响并不是一定的,根据其发生的时间和强度等会产生不同的作用,可能有利于动植物的生长,也可能妨碍动植物的生长。例如,冰雹会对很多作物的生长造成影响,但是对于棉花来说,盛夏时节的冰雹可以带来秋季凉爽晴朗的天气,而秋天凉爽干燥的气候为棉桃晒絮提供了良好的条件,是有利于棉花高产优质的;但是在初夏时节,是棉花开花、结蕾的时间,在这段时期过多的冰雹可能造成棉花落花落蕾,所以在这时冰雹就是灾害。

5.损失责任难划分性

一般动植物都具有较长的生活周期和生长周期,在这个较长的期间内,很可能遭受不止一种的自然灾害,每种自然灾害都可能对动植物造成损害,但是最终损害结果需要根据产量进行判断。但是最终产量是在各种灾害的共同作用下形成的结果,而每一种灾害对其造成的影响不能通过产量进行判断。

6.区域性

相较于其他灾害,农业自然灾害具有显著的地域性特征。首先,农业自然灾害在分布上具有地域性,这是指在不同区域存在着不同种类的灾害,比如北方常见的灾害是干旱,南方常见的灾害是洪涝,沿海地区常见的灾害是台风。其次,同一生产对象灾害种类和受损程度的地区差异性,这是指统一生产对象,因为地理、气候、品种不同会在不同地区遭受不同灾害,并且根据地区不同对同一灾害的抵抗能力也不同。例如,水稻在南方和北方面临的自然灾害种类并不相同,并且在南方和北方遭遇低温冷害时,不同水稻品种具有不同的抗御能力。

7.伴发性与持续性

伴发性是指在某种灾害发生时,可能引起其他灾害同时发生,例如山区发生暴雨灾害很可能引起山洪和泥石流,如果当地的湿度过大还很可能引起作物病虫害等。持续性是指自然灾害会连续发生,一方面是指同一灾害的连续发生,例如华北部分地区常出现春夏连旱或伏秋连旱;另一方面是指不同种类灾害的连续交替发生,例如河北的"春旱、夏涝、秋又吊"。

(三)农业自然灾害的种类

按照危害与受害之间关系的密切程度进行划分,可以分为直接性灾害和间接性灾害。直接性灾害包括旱、涝、风、雹、热、冻、雪、病虫害等,间接性灾害包括环境污染等。

按照发生的时间特性进行划分,可分为突发性灾害和缓发性灾害。突发性灾害是指发展过程短的灾害,例如台风、洪涝等;缓发性灾害是指发展过程较长的灾害,例如旱灾、水土流失等。

按照危害的主次进行划分,可分为原生灾害和次生灾害。一些自然灾害发生后会引发其他灾害的产生,这就是灾害链。在灾害链中最早发生的灾害就是原生灾害,而随后引起的灾害就是次生灾害。例如,洪水灾害是原生灾害,随后引起的土壤盐渍化灾害为次生灾害。

按照灾害发生的成因进行划分,可以分为大气圈变异引起的灾害,如干旱、冻害等;水圈变异引起的灾害,如水灾、水温升高等;地圈变异引起的灾害,如泥石流、土地沙化等;生物圈变异引起的灾害,如病虫害、鼠害等;人为因素引起的灾害,如水土流失、草原退化等。

将以上因素进行综合,可以将农业自然灾害大致分为以下几类。

第一类为气象灾害,如旱灾、水灾、风灾、雪灾等,还有一些并发灾害,如干热风等。

第二类为海洋灾害,如海冰、赤潮、海啸、风暴潮等。

第三类为土壤灾害,如冻融、盐碱、龟裂、湿渍等。

第四类为生物灾害,如蝗灾、病虫害、草害、鼠害等。

第五类为地质灾害,如崩塌、土壤盐碱化、土地沙漠化等。

第六类为环境灾害,如水土流失、大气污染、森林火灾等。

我国的气候条件和地质条件决定了我国自然灾害的多样性,以上几类农业自然灾害几乎都会在我国发生。

第二节　农业保险的概念及农业风险的可保性

农业保险是将农业风险作为标的的保险,它可以帮助农业生产者在其生产过程发生风险造成损失时得到一定补偿,是针对农业生产经营者的一种有效减少损失的方式。但并不是所有风险都可以进行投保,这就涉及农业风险的可保性,下面将针对这一内容进行介绍。

一、农业保险的概念

(一)农业保险的保障范围

1.农业保险标的范围

农业保险标的范围,是指农业保险所承保的所有标的的集合。农业保险的标的范围是与农业生产相关的财产,以及这些财产的相关利益和责任。例如,种植的农作物、种植的林木、饲养的家畜等都可以作为农业保险标的。

从国际惯例来看,农业保险大多数都是政策性保险,还有一些风险程度较低的险种是商业保险。下面对政策性保险进行分析。

2.农业保险的保险责任和除外责任

(1)农业保险的保险责任

根据农业风险的可保性条件,农业保险的保险责任主要包括以下原因引致的农业保险标的的损失。

第一,不可抗力的自然灾害和意外事故,例如台风、暴雨等气象灾害,疫病、触电、空气污染、中毒等。

第二,采用新技术、新工艺、新品种、引进资金等的技术风险、责任风险、信用风险。

第三,为了公共利益而牺牲的个人利益,例如为了防止疫病蔓延,按照政府政策对家畜进行扑杀掩埋。

第四,农产品价格波动、预期利润等。

(2)农业保险的除外责任

农业保险的除外责任是指不可以列入保险范围的风险责任,其中包括政治风险、道德风险引致的损失。下面这些行为是不可以列入保险范围的风险责任的。

第一,战争、政治动乱、军事行动或暴力行为。

第二,被保险人或与其有亲近关系的人员的故意行为。

第三,生产管理不善,技术措施使用不当等过失行为。

第四,没有按照正确的方式进行防护、维护等行为。

第五,产业政策改变等政治经济行为。

(3)农业保险的特别规定

因为企业经济能力或是农民承受能力的限制,原中国人民保险公司对农业保险的承保还有一些特别规定,例如:

第一，对地震灾害、干旱灾害不提供保险。

第二，对洪泛区、洪水线以下的标的物不提供保险。

第三，对价格风险、预期利润不提供保险。

第四，一般只对承保标的的费用、成本提供保险，不对产量、产值提供保险。

第五，实行不足额承保，即只保保险价值的一定成数。

第六，植物病虫害、水产养殖类和特种养殖类标的原则上不提供保险。

（二）农业保险的分类

1. 按农业生产的对象分类

按照这种方式可以将农业保险分为种植业保险和养殖业保险。

种植业保险是指标的物为植物性生产的保险，例如农作物保险、林木保险等；养殖业保险是指标的物为动物性生产的保险，例如牲畜保险、家禽保险、水产养殖保险等。

2. 按保障程度分类

按照这种方式可以将农业保险分为成本保险和产量、产值保险。

成本保险是指将生产投入作为确定保障程度的基础的保险，其保额根据生产成本确定。农业生产成本并不是固定的，它会随着动植物的生长而变化，所以成本保险一般都会采用变动保额、按生育期定额保险的方式进行。

产量保险或产值保险，是指以生产产出作为确定保障程度的基础的保险，其保额是根据产品产出量确定的。按照实物量计算的为产量保险；按照价值量计算的为产值保险。农产品的产量要等到整个生长周期完成后才可以确定，所以产量或产值保险一般情况下会采用定额保险的方式进行，这是指按通常正常产量的一定成数承保。进行不足额承保是为了对道德风险进行控制。

3.按交费方式分类

按照这种方式可以将农业保险分为短期农业险和长效储金型农业险。

短期农业险是指投保的保险期限较短的保险,一般情况下短期农业险的保险期限不超过1年。投保人想要连续投保,应该按照相关合同条款的规定在一定时间内直接续费。

长效储金型农业险是指保险期限较长的保险,一般情况下这类保险的期限在3年以上。投保人按照合同中的约定交纳一定数额的储金,这些储金的利息当作保费,保险期限内投保人不需要每年交费。例如小麦储金保险、林木储金保险等都属于这类保险。

4.按保险标的所处生长阶段分类

这种划分方式一般是将农作物作为保险标的的,可以分为生长期农作物保险和收获期农作物保险。

生长期农作物保险是指对农作物在生长期间可能遭受的灾害造成的损失进行投保的保险,例如水稻种植保险、大麦种植保险等。

收获期农作物保险是针对农作物成熟收割及其之后脱粒、碾打、晾晒、烘烤期间所受灾害损失的一种保险。收获期农作物保险和一般的财产保险不同,农产品需要在临时加工场地进行初步加工入仓后,才可以通过财产保险进行投保。

5.按保险责任范围分类

按照这种方式可以将农业保险分为单一风险保险、多风险保险和一切险保险。

单一风险保险是指其承包范围只包括一种责任的保险,例如小麦雹灾保险、林木火灾保险等。

多风险保险是指对一种以上可列明责任进行承保的保险,例如水果保险可以承保风灾、冻害等。

一切险保险是指承保即除不保风险外的全部风险的保险。一些国家有农作物一切险保险,其承保范围几乎包括了所有农作物可能遭受的灾害事故造成损失的责任。我国目前没有这种保险。

6.按保单形式分类

单险种保险是指一张保单的内容只包含一个险种的保险。

组合式保险是指一张保单的内容包括多个相关险种的保险。例如,塑料大棚保险包含棚体保险和棚内作物保险两部分内容。

二、农业风险的可保性

(一)农业风险可保性的概念

农业风险的可保性,是指农业风险能否作为可列明责任作为农业保险的承包对象。当某一农业风险被认定可以作为保险责任承保,就可以将之称为可保农业风险;相反就称作不可保农业风险。

农业风险的可保性并不是一成不变的,它会随着时间、经济、技术等因素的变化而变化,一些因素的变化就可能引起可保性的变化,某种风险可能在可保风险和不可保风险之间转变。

(二)决定风险可保性的因素

第一,要对风险的积累数进行考虑,保证风险具有一致性,只有保证风险的同质性才能明确风险的损失分布,才可以清晰地对损失概率进行预见和计算,并计算和预见未来的损失概率。通过有关风险的充足数据可以确定风险是否具有一致性。

第二,这种风险不能是有意行为所致而又对被保险人没有损失。因为保险是一种对不可抗力因素引起的风险造成损失的赔偿方式,并不是被保险人的获利手段。

第三,风险造成的损失应该足以引起其收入或投资的根本减少。如果损失并没有引起被保人收入或投资的根本减少,保险成本会很高,也就不会发生保险交易。

(三)农业风险的可保条件

1.风险的不确定性相对较高

保险的首要条件就是保证风险具有不确定性。不确定性是对风险的发生概率的表现,当发生风险的概率为 0.5 时,不确定性处于最大程度;当发生风险的概率低于或高于 0.5 时,不确定性减小;当风险发生的概率为 0 或 1 时,风险不再具有不确定性。对于受损率为 100％的标的,是不适于保险的;对于受损概率过小的标的,也不适于保险。

2.风险发生要有规律性,并且风险损失概率可以计算

使用一定方法充分利用多种相互独立的同质风险单位的集合,可以对该类农业风险的未来损失率进行计算和预见,并从中发现风险发生的规律性,这样就可以大大减少风险的不确定性。当保险人有可能了解一类风险的规律性时,才能确定该类保险的纯费率。

3.一般必须是纯粹风险

这是指承保风险的发生只可能造成损失,不会为被保人带来盈利。根据保险合同中的约定,被保险人通过保险获得风险发生造成损失的经济补偿,而不能因此而获得额外利润。

4.不易通过其他途径予以避免的风险

对于那些可以通过其他手段较为容易地和较为经济地加以

避免的农业风险,不宜承保。例如,一些农作物的病害和虫害是可以通过合理使用药剂或进行品种改良而进行防范和控制的,这类风险不宜承保,承保这类风险可能导致被保险人不进行灾害防治,因为造成的损失可以通过保险获得赔偿,这样不利于进行道德风险的防范。

第三节　我国农业保险制度模式的选择

农业保险制度模式的探索和选择是农业保险发展的重要环节,也是最基础的环节,它决定了农业保险发展的方向,所以应该结合实际情况,进行慎重选择,通过试点试验进行逐步推广。我国在进行农业保险制度模式的选择和设计时,必须明确政府在其中的作用和定位,利用政府机制推进农业保险的发展。

一、政府在我国农业保险模式中的定位

(一)政府作用于农业保险的类型

按照政府在农业保险中起到作用的程度进行划分,可以将农业保险模式分为政府主导模式和政府诱导模式。

1. 政府主导

政府主导是指由政府进行直接出资建立农业保险机构,并由政府对农业保险业务进行直接经营和管理,政府承担业务盈亏;或者政府直接出资设立农业风险基金,如果发生农业灾害,政府通过农业风险基金为受灾农民提供补偿,以此对农业进行必要的保护。

2. 政府诱导

政府诱导是指政府利用一定诱导机制激发各农业保险组织

经营农业保险的积极性,以此扩大农业保险市场化运作的规模,加强其功效,进一步推动农业保险的发展。政府诱导可以进一步划分,分为以下四种类型。

第一,制度诱导。这是指政府通过一系列的法律法规和相关制度对农业保险机构进行激励和约束,促进农业保险市场的规范化、秩序化、高效化。这些法律法规和相关制度包括《农业保险法》,农业保险的市场准入制度、再保险制度等。

第二,政策诱导。这是指政府利用税收优惠减免政策,激励各农业保险机构开展农业保险业务,推动农业保险行业的发展。因为按照政策规定农业保险经营机构可以获得更多利益,可以激发他们从事农业保险业务的积极性。

第三,财政诱导。这是指政府通过财政补贴的方式减轻农业保险经营机构在农业保险经营中产生的亏损,促进农业保险供给增加;同时,政府可以给予农业经营者必要的保费补贴,以此促进农业保险的市场需求实现有效增长。

第四,再保险诱导。再保险是指保险人在原保险合同的基础上签订保险合同,将自身承担的风险和责任向其他保险人进行投保的行为。农业再保险诱导是指政府出资设立农业再保险机构,该机构会对原保险机构的超额赔偿部分进行保险赔偿,通过这种方式对原保险机构承担的风险和责任进行分摊,为原保险机构的正常运行提供保障。

(二)我国政府在农业保险发展中的定位选择

政府在我国农业保险中的定位不能一概而论,因为不同地区的经济发展情况等背景条件并不同。改革开放以来,我国经济飞速发展,但同时也出现了明显的发展不均衡现象,各地区的经济发展水平呈现出不同状态。在这样的背景下,政府在我国农业保险发展中的定位和发挥的作用应该根据各地的实际情况进行选择。

在我国一些经济发达地区,例如北京、上海等城市,农业 GDP

占总 GDP 的比重低,并且这些地区的财政实力强,所以可以采取政府财政诱导的方式促进农业保险的发展。可以为农业保险提供一定补贴,对农业保险经营机构提供运营补贴、减免税收,对投保农业经营者提供保费补贴。

在沿海经济发达的农业大省,如浙江、山东、广东等,这些地区的财政实力也较为雄厚,但是农业 GDP 在总 GDP 中的比重较大,所以政府通过财政诱导的方式促进农业保险发展并不能起到较大作用。在这些地区应该充分调动市场的积极性,在市场充分发挥作用的前提下,进行政府的政策诱导,或者从制度上明确进行适当的财政兜底。

对那些经济发展水平一般的东北地区,如黑龙江、辽宁等地区,政府的财政诱导起到的作用更小,这些地区一般都是我国的农业大省,农业生产经营的规模大、生产力水平高,所以在这些地区政府必须充分发挥其在农业保险中的积极作用,要求政府要充分发挥其在农业税收政策以及其他农业政策上的作用,通过政策诱导的方式促进这些地区的农业保险发展。

我国大部分中西部地区,经济发展水平较低,财政实力薄弱,并且农业 GDP 的比重大,通过政府的财政诱导不可能对农业保险发展发挥作用。地方政府可以通过税收政策和制度环境进行诱导,尽可能调动农业保险市场的积极性。

相较于地方政府,中央政府在农业保险中可以发挥更大的诱导作用。对于全国各个地区的农业保险发展,中央政府可以根据实际情况采取制度供给、税收政策优惠、市场准入、再保险机制的建立、财政诱导等措施,促进农业保险的发展。但是中央财政诱导应该仅作用于国家产粮基地的农业生产区域,保证和促进国家的粮食安全。

可以看出,在市场经济条件下,必须推进农业保险的发展,政府在农业保险发展中发挥作用也是必然的。政府应该在农业保险的发展中充分发挥其诱导作用,合理利用财政、政策和再保险诱导形式,通过市场机制对农业保险进行调节,只有在市场机制完全失灵的农业保险领域政府才应当发挥主导作用。

二、中国农业保险经营模式的选择与设计

根据农业保险经营模式的具体实践，以及我国的实际情况，我国农业保险经营模式应该将强制保险和自愿保险有机结合，将政府诱导和商业化运营有机结合，并进行多层次、多主体的保险经营。

（一）农业保险种类划分与农业保险基本运作模式的形成

农业风险可以分为三种类型，即可保性强的农业风险、可保性较低的农业风险和可保性较差的农业风险。

1. 对于可保性强的农业风险

可保性强的农业风险可能为商业保险公司带来一定盈利，所以对于这类风险可以采取市场化运作和再保险机制兜底的经营模式，政府只需要发挥其政策和制度诱导功能，这样的运作模式可以称作市场主导型模式。

2. 可保性较低的农业风险

因为这类农业风险的可保险比较低，所以只依靠市场进行主导肯定会造成农业保险公司的亏损，所以市场没有能力单独提供该类保险，这就要求政府必须多角度地介入保证该类保险业务的开展。政府应该给予农业保险公司必要的制度、政策和财政诱导，同时利用再保险机制帮助保险公司分摊责任和风险，这种将政府机制与市场结合的运作模式称作政府诱导型模式。

3. 可保性较差的农业风险

这类农业风险可保性极差，市场化运作对于这类风险没有什么作用，所以就要求充分发挥政府机制和社会捐助机制，通过这

些机制设立巨灾风险基金与农业灾害救济基金。通过这类基金，可以推动农业再保险的发展，同时可以对大范围的农业风险事故损失进行直接补偿，这样可以将巨灾风险带来的损失分摊于社会各阶层或全体纳税人，这种运作模式称作政府主导型模式。

各种模式的基本运作如图 7-3 所示。

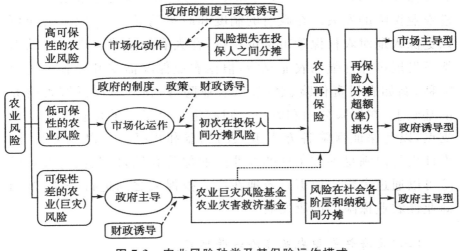

图 7-3 农业风险种类及其保险运作模式

（二）市场主导型农业保险运营模式

有一些农业风险属于可保性较强的农业风险，例如农作物病虫害、农作物雹灾、牲畜的非传染病等，尤其是那些农业生产经营中市场化、商品化、产业化程度高，又面临低风险的种植业、养殖业，例如烟叶、家兔等。这类生产经营一般会采取"基地＋农户＋龙头企业"的运作模式，这种运作模式可以将风险初步分摊于基地、农户和龙头企业之间，所以为其带来更强的可保性。可保性强的风险使市场导向的各保险机构有盈利的可能性，并且政府还通过制度和政策功能对农业保险机构进行鼓励、诱导，同时还会有一定农业再保险机制加以支持，这就保证市场主导型农业保险模式有能力运行和发展。在市场主导模式下，农业风险会在基地、农户、龙头企业、原保险人和再保险人之间进行广泛分摊，保证农业保险公司有机会获取预期利润。

在市场主导模式下，中央政府和地方政府应该保证坚持"有所为，有所不为"原则。"有所为"是指政府在农业保险发展中发挥制度和政策诱导的功能，为农业保险公司营造良好的制度环境，创造合理的盈利机会；"有所不为"是指政府不应该直接介入农业保险活动，应该充分发挥市场自身的作用，通过市场主导推进农业保险的发展。在政府的制度和政策诱导下，各保险公司可以更深入地对农村保险市场进挖掘，在大农业险或大农村险的框架下发展可保性强的农业风险，根据农业保险需求开设各类商业险种，例如农村责任险、财产险、农业险等，在开展广泛调查研究的基础上，在保险公司和农户之间制定一个最佳的保费费率平衡支点，以此保证保险各方当事人的利益和积极性。以此为基础，设计出可以满足各方条件的农业商业保险和约，以此促进农业风险可以通过大数定律更有效地在广大投保人之间进行分摊，推动商业性农业保险的健康发展。

（三）政府诱导型农业保险运营模式

1. 农业再保险制度框架的运作

农业再保险的基本职能是帮助农业保险人分摊其承担的风险和责任。如果农业保险人承担的风险达到一定程度，这可能会影响该保险人自身的经营稳定时，就可以通过农业再保险机制将其承担的风险进行分摊和转移。我国的农业再保险机构是由中央政府直接出资设立的，并按经济区域设立分支机构。再保险机构的资金来源有以下几种。第一，政府财政出资形成资本金；第二，农业保险人缴纳的保费收入；第三，农业巨灾风险基金提供的一部分资金支持；第四，财政对再保险亏损提供的补贴。再保险机构可以为农业原保险提供再保险，也可以为农业商业保险提供再保险业务。农业再保险总公司是不以营利为目的的机构，它拟定基本保险条款，并对各分支机构的业务进行领导管理，其结转盈余不上交。中央财政承担该机构的全部业务费用和经营亏损，该机构无须上缴一切税费。

按照国际通行做法，我国的农业再保险人与原保险人可以确定多种再保险方式。第一，采用比例再保险。这种方式是以保险金额为基础，明确原保险人与再保险人需要承担的风险和责任，按照约定的分成比例，原保险人的责任按照一定额度分给再保险人，或者将超出原保险人自留额外的部分分给再保险人来承担，按照原保险人的自留额和再保险人的责任额的比例，确定如何进行保费和赔款的分摊。第二，采用非比例再保险。这种方式是以损失为基础来明确再保险当事人双方的责任。当原农业保险公司的赔款超过一定标准或额度时，其超出部分由再保险公司负责。一般情况下，原保险人采取这种责任分出方式，是对某一危险单位损失确定一个自赔额，超过自赔额到一定限度的部分由再保险人负责赔偿（称为超额再保险）；或者确定一个约定年度，在约定时间内赔付率超过一定标准时，再保险人对超出确定赔付率的部分进行赔偿（称为赔付率超赔再保险）。可以看出，农业再保险对于调节农业保险市场失灵有很重要的作用。

2. 农业保险商业化经营中各级政府的诱导性作用和责任划分

政府诱导下的农业保险运营模式主张优先发挥市场机制的作用，通过调动市场各方力量的积极性实现农业保险的经营和发展，以此为基础实行政府诱导机制。政府诱导型运营模式下，政府不需要设立众多分支机构直接参与农业保险的经营，这就可以帮政府节约一部分成本，可以避免农业保险的低效运作，以及公共财政资源的浪费。政府需要充分发挥其诱导功能，为农业保险机构创造良好的运营环境和更大的盈利空间，以此激励农业保险机构开展农业保险业务。在这种模式下，政府可以采取以下诱导性政策：减免涉农保险的税费；对投保农业经营者提供保费补贴；为农业保险机构提供一定经营补贴；对农业保险机构提供再保险服务；允许农业保险机构经营"大农险"，以此实现"以险养险"以及其他相关的法律制度供给。这就要求中央政府和地方政府要明确划分它们之间的权利和责任。

对于粮、棉、油等大宗农产品,尤其是那些主要粮食作物,因为农业保险的正外部性惠及全国和全社会,所以中央政府应该在其中承担更多的诱导性责任。例如,在进行农业保险的试点期间,可以为农业生产者提供一定保费补贴,中央政府对农业保险公司实行所得税减免政策,地方政府对农业保险公司实行营业税减免。对于农业保险的正外部性主要是惠及本行政辖区,地方政府就应当发挥更多的诱导作用,地方政府应该为农业生产者投保保费以及农业保险公司的经营费用提供一定比例的财政补贴,具体补偿比例应该按照地方财政的情况来确定。

中央政府应该会同全国人大制订《农业保险法》及其相关法规细则,依照法律程序完善各级政府的诱导责任。应该在我国相关法律中明确农业保险的性质、组织形式、保险范围、财政补贴及再保险的方式等,通过立法推进我国农业保险运行的规范化。首先,要对我国农业保险的类型和属性进行明确,明确农业保险的实施范围以及税费减免方式,农业保险投保实行强制性和自愿性有机结合的方式,对于农业巨灾风险强制投保,对于一般农业保险等保险实行自愿投保;其次,对各级政府在农业保险中发挥的作用以及应该承担的责任和拥有的权利进行明确,中央政府和地方政府相互配合,利用多重诱导激励机制实现农业保险的发展,使各种农业保险试点模式有进一步发展的空间。

3.农业保险组织形式多样化:基于我国既有试点模式的总结推广

我国的经济发展具有区域化和差异化的特征,农业风险也具有区域化和差异化的特征,在这样的背景下,就要求在不同地区实行不同的农业保险经营模式。我国目前在试点中的农业保险经营模式就是根据不同地区的具体情况而制定推行的。这些模式的组织形式不同,实际上只是地方政府诱导程度的差异,对于缺乏在中央政府的政策诱导下优先发挥市场机制的作用,实现对农业原保险的市场化运作这一点则是共同的。可以看出,不论采取哪种模式,没有中央政府发挥其实质性的激励诱导作用,这些试点模式都不能实现完全的有效运行,尤其是对于农业巨灾风险保险,而对于广大农业生产者来说,这类保险是他们最需要的保险。相较于其他试点模式,"上海安信模式"因为有实力雄厚的地方政府的支持,其受到中央政府政策诱导缺失的影响较低,这种模式基本上可以有效运行,实现地方政府和市场化运作的协调发展。但对于大部分试点模式来说,名义上是开展农业保险,但实际上则是提供一般性的农村保险,而真正实现农业保险运行还需要中央政府出台相关的优惠政策。所以在进行农业保险模式的试点和改进时,需要加强中央政府以及地方政府的诱导机制,推进政府机制和市场机制的有机结合,切实保证农业保险激励机制的有效实施。可以按照以下方式进行具体分析。

第一,对于经济发展水平高、农业比重小的沿海地区,例如上海、天津等地区,应该推广"上海安信模式",这是指建立由中央政府发挥诱导作用,地方政府进行主导的农业保险商业化经营模式。在这些地区,中央政府可以发挥其制度和政策诱导作用,地方政府实施税收减免和财政补贴的实质性支持。

第二,对于经济发展水平较高、农业比重大的沿海农业大省,如浙江、江苏、广东等地区,可以推行"共保体"模式和相互制保险模式,这类模式适合这些具有互助合作精神的地区。

第三,对于粮食主产地区,如黑龙江、吉林等地区,还有一些粮食产量较大的中部省区,如湖北、湖南等地区,这些地区的农业规模大、生产力水平高,所以可以推广"安华"模式和"阳光互助制"模式,充分发挥政府的诱导作用。"阳光互助制"模式是一种具有很强生命力的模式,这是农民自己的组织,在该模式下,农民同时是投保人和保险人,农民对其信任程度高,充分发挥互助合作模式的优势,进行小范围的农业风险业务。

第四,对于经济发展水平低的西部丘陵山区,发展农业保险面临较多困难,如果没有政府进行大量资助和补贴,这些地区推进农业保险十分困难。因为这些地区的农业规模小、结构单一,农业的产业化和组织化程度也很低,农业生产者获得的收入低,农村经济基础薄弱,发生农业风险会造成十分严重的损失,并且这些地区的地方政府财政薄弱,并不能提供丰厚的资金用于发展农业保险。在这些地区推行政府诱导型模式需要注意以下问题。第一,农业保险范围选择。就当前情况来看,我国西部落后丘陵山区并不适宜大范围地进行农业保险的推广,应该通过一些措施鼓励商业性保险机构针对一些低风险的农业项目进行保险,中央政府和地方政府应该对农业保险机构实行税收减免政策。第二,加大诱导力度。政府应该给予农业生产者更多的保费补贴,并为农业商业保险机构提供一定业务费用和损失补贴,通过这些措施促进这些地区的农业保险的发展。对于这些地区,可以尝试建立互助制的保险组织形式,保险机构可以实行"以险养险"模式,政府应该为农业保险机构创造良好的制度环境,吸引保险机构开展业务,或者可以通过引进外资保险机构,提高我国商业保险机构对农业保险的经营水平,以此推进农业保险发展。

总之,根据我国目前基本情况,我国农业保险应该向经营主体组织形式多元化的方向发展,建立相应的农业保险经营体系,主要形式包括商业保险公司代办、专业性农业保险公司、农业相互保险公司等。在当前的试点模式基础上进行经验总结,进行模式改善和推广,促进农业保险的健康发展。

(四)政府主导型农业保险运营模式

因为农业风险发生概率较高,具有很高的集中性,导致农业生产成为风险最为集中的行业。为了维护农业生产者的利益和农业保险机构运行的稳定,政府需要建立有效的机制对农业风险进行分摊,因此形成了巨灾风险基金和农业灾害救济基金。这类基金是通过积累形成的针对特大灾害的专项资金,这些资金可以在发生巨大灾害时进行大额保险赔付。与再保险机制一样,它们的作用都是对农业风险在全社会范围内进行分摊,由全体纳税人承担起风险损失。在世界范围内,我国属于自然灾害最严重的国家之一,特大农业灾害时有发生,这些灾害对我国造成了巨大损害。为了在有效的时间和空间内对全社会进行风险分摊,减轻农业保险机构面对巨大灾害的压力,需要建立国家和地方的农业巨灾风险基金。对于一些跨地区的或者是粮食重要产地的巨大灾害,国家农业风险基金应该提供救济基金帮助缓解压力、降低损失;对于发生在一个省(区)内的农业灾害,可以由地方农业巨灾风险基金提供救济资金进行补偿。

第四节 现代农业保险示例——粮食作物保险

农业保险的种类繁多,对于不同种类的动植物会有不同的保险,对于同一种农作物或是畜牧动物也会有不同的保险。下面将以粮食作物保险为例对农业保险进行介绍。

一、粮食作物保险的特点

第一,风险大,赔付率高。因为我国的自然灾害发生率较高,所以风险较大,而且我国粮食作物保险的赔付率都比较高。例如,中国人民保险公司开展稻谷、玉米等粮食作物保险业务,平均赔付率超过80%,玉米保险的赔付率几乎每年都超过100%。

第二,业务开展难度大。生产粮食的农业生产者收入普遍较低,这就导致他们的保险费承受能力差,所以想在这方面开展商业性粮食作物保险十分困难。

第三,政策性强。因为粮食作物是涉及国家民生,涉及国家粮食安全问题的,所以国家在开展政策性农业保险时,会将粮食作物中涉及国计民生种类的保险列入政策性保险范围。

二、以水稻保险为例进行技术要点分析

(一)水稻保险标的的确定

水稻保险标的根据稻种的种类以及生育期确定。第一,可以按照水稻品种进行保险标的确定,例如常规水稻、杂交水稻或杂交水稻制种保险等;第二,按照水稻的生育期进行保险标的确定,例如秧田期保险或大田期保险等;第三,为满足某种特殊需要进行保险标的确定,例如在两系法杂交水稻制种过程中,可能会因为温度过低引起母本变性从而进行自花授粉的风险,这就需要保险提供保障。

(二)保险责任的选择

水稻保险责任包括水灾、雹灾、风灾、霜冻、抽穗扬花期的低温阴雨、成熟期的穗上芽、两系杂交稻制种期间敏感期的低温等保险责任。一般情况下,在进行投保时一般会选择单一或几项保险责任。

(三)保险期限

因为存在地域差异、品种差异以及选择保险标的的方式差异,保险在水稻一生中分为长、短两种。例如,秧田期保险只可以在播种至移栽前投保;大田期常规水稻保险只可以在从移栽活蔸开始至开镰收割期间内投保;两系杂交水稻制种的保险期限是幼穗分化敏感期,保险期限只有 10 天。所以在投保水稻保险时,应该按照不同地区、地理环境、品种和季节,确定具体的保险期限。

(四)保险金额的确定

1. 按平均收获量的成数确定保险金额

将前 5 年平均产量的 5～7 成作为承保的亩产量,再乘以保

险人与被保险人商定的价格,便得到了相应的每亩保险金额。即:

亩保险金额＝双方商定价格×5年亩均产量×承保成数(5~7成)

如果以乡、县为单位统保,保险金额计算公式为:

总保险金额＝国家规定的收购价格×投保总面积×5年平均总产量×承保成数(5~7成)

2.按水稻全生育期投入的生产成本确定保险金额

一般都是按照亩平均进行计算。即:

总保险金额＝每亩直接成本额×承包面积

(五)赔款计算技术要点

1.赔款扣除的计算方法

很多因素都可能造成保险水稻损失,包括保险责任范围内的灾害,以及非保险责任的灾害和被保险人管理不善造成的损失。因为这种复杂性,需要将这些因素扣除后再进行水稻赔款的计算。

(1)有效穗不足的扣除

在保险有效期内,仅因为受到抽穗扬花期的低温阴雨的影响,造成了每穗水稻的实粒数减少而减产。在进行抽样测产时,必须要对每亩的有效穗数进行调查统计,将统计数据与没有遭受灾害的水稻田和同类品种或是与农业技术部门规定的有效穗数进行比较,对于每亩有效穗不足的,在进行赔款计算时应该予以扣除,因为低温阴雨只会引起水稻实粒数减少,并不会对穗数造成影响。计算公式如下:

每亩有效穗数不足的减产量(千克)＝(正常田每亩有效穗数－受灾田每亩有效穗数)×$\dfrac{正常田每亩实粒数}{每千克粒数}$

(2)实粒数不足的扣除

如果水稻在抽穗扬花期并没有受到灾害,却在其生育前期或后期遭灾,只影响每亩有效穗数和千粒重,在这种情况下,其粒数少于正常田的粒数，则应该在进行赔款计算时扣除。计算公式如下：

每穗实粒数不足的减产量（千克）＝（正常田每穗实粒数－受灾田每穗实粒数）$\times \dfrac{每亩有效穗数}{每千克粒数}$

（3）千粒重不足的扣除

在水稻生长期间，只有在其抽穗扬花之后遭受灾害，才可能造成千粒重的降低。在前期、中期遭受灾害，千粒重与正常值相比有所降低的应该在进行赔款计算时扣除。计算公式如下：

千粒重不足的减产量（千克/亩）＝［（正常田千粒重（克）－受灾田千粒重（克）×每亩有效穗数×每穗实粒数）］/1000×1000

2.赔款计算

（1）全部损失的赔款计算

对于全部损失的赔款计算，保成本或是保产量成数都需要使用以下计算公式：

赔付金额＝每亩保险金额×受损时该生育期赔付标准×投保面积

（2）部分损失的赔款计算

对于部分损失的计算，保成本的计算方法如下：

赔付金额＝保险总金额－收获总产量×单价

对于部分损失的计算，保产量成数的计算方法如下：

赔付金额＝单价×［（每亩5年平均产量×承保成数）－（每亩收获产量＋非保险责任扣除产量）］×受损面积

在进行部分损失赔款计算时，如果实际种植面积要大于投保面积，并且不能明确区分保险面积和非保险面积时，应该按照比例进行分摊。

三、水稻险案例

2015年10月，韶关市武江区重阳镇九联村的76户村民种植的水稻,因为遭受病虫灾害导致了大面积损失,因为投保了水稻种植保险,在经过相关部门的勘察鉴定后,对村民进行了3万余元的赔偿,以此保障了农民的利益。

随着我国的政策性水稻种植保险逐步发展和推广,农民对如何通过这种保险获得理赔十分关注。对于这个问题,下面进行解释。

如果投保的水稻遭受灾害,农民应该采取积极手段对开展救灾,以减少损失。同时,应该对受灾现场进行保护,立即将情况报告给村协保员,也可以直接拨打95518进行报案。如果农民将受损情况报告于村协保员,村协保员应该进行灾害登记,随后将具体情况向乡镇协保机构报告,由乡镇协保机构将情况汇总报当地人保财险公司。一般情况,经办保险机构与乡镇协保机构、村协保员会组成查勘理赔小组,对受灾现场进行查勘、定损,对受损农田的面积和程度进行明确,并进行记录,参保农户(代表)需要对定损结果表示认可并进行签字。当发生大面积灾害或重大疑难案件时,应该由县(市、区)政策性水稻种植保险联席会议牵头,县、镇农业部门、乡镇协保机构、村协保员、农民代表、经办保险机构等组成核损理赔小组,共同进行受灾现场的查勘、定损。在处理理赔时出现争议的,市政策性水稻(玉米)种植保险理赔工作协调小组对纠纷进行协商解决。

对于损失程度的认定,因暴雨、洪水、雹灾、冻灾、地震、泥石流、旱灾、病虫草鼠害等灾害导致水稻受灾损失率达到80%的,就将视为全部损失,农业保险机构会按照全部损失的标准进行赔偿。

对于发生在保险责任范围内的水稻损失,会按照以下方式进行赔偿计算。每亩水稻的最高赔偿限额是400元,具体的赔偿金额会按照下面的公式进行计算:

赔偿金额＝不同生长周期每亩计算标价×损失率×受损面积

受灾水稻的损失率按下面的公式进行计算:

$$受损率=\frac{单位面积平均植株损失数量}{单位面积平均植株数量}$$

$$受损率=\frac{单位面积平均损失产量}{单位面积平均正常产量}$$

其中,单位面积平均正常产量以县级(含)以上农业部门提供的近 3 年平均产量为准。

对于水稻的不同生长期,会采用不同的损失赔偿计算标准。例如,移栽成活—分蘖期每亩赔偿计算标准为每亩保险金额×40%,即 160 元;拔节期—抽穗期每亩赔偿计算标准为每亩保险金额×70%,即 280 元;扬花灌浆期—成熟期每亩赔偿计算标准为每亩保险金额×100%,即 400 元。

经办保险机构会将理赔明细进行公示,在公示一周后并没有异议的,经办保险机构会委托相应的金融机构对农户进行赔偿,一般情况下会通过农户银行卡、农户银行存折的方式拨付理赔款,要保证理赔款确实发放到农户手中。如果在理赔明细公示期间,有人提出异议,应对此进行仔细调查,并进行妥善处理。

可以看出,粮食作物在我国已经开始进行普及和推广,并切实为广大农民带来了实惠,我国应该进一步推进农业保险的发展,以此推进农业的整体发展和经济的发展。

第八章　农业保护与可持续发展

农业保护具体是一种政策行为,旨在促使农业经济可持续发展或增加农业部门福利。

第一节　农业保护政策

一、农业保护政策的含义

有关农业保护政策的理解,就是市场经济条件下,在国民经济运行的相关过程中,政府为了能够确保农业基础作用更好地发挥出来,使农业的发展与国民经济其他产业的发展相适应,以便进一步实现整个国民经济持续、协调、快速发展而采取的一系列保护与支持农业的政策措施的总和。

构成农业保护政策的两方面内容如下。

(1)为保护本国农业免受国际市场的冲击而采取的一系列贸易保护措施。

(2)为促进农业与其他产业协调发展而采取的一系列直接和间接支持农业的措施。

二、全面实施农业保护政策的判断标准

经济发展总是有一定的循序渐进性,当经济发展到某个水平

或一定阶段以后,各国政府都倾向于从农业当中转移经济利益转变为通过国家的一系列农业支持和保护政策,使工业剩余向农业流动,这种带有规律的历史性变化引起了学术界和政府等各方面的广泛关注,许多学者对此开展了十分深入的研究。

(一)经济结构主义观点

经过美国学者西蒙·库兹涅茨(1985)等的研究表明,20世纪30年代前期,美国政府针对农业采取现代的保护政策时,农业在国内生产总值中的份额已降到12%以下,农业就业人数在社会总就业人数中的份额已降至25%以下,工业与农业的产值份额比例已升至80%:20%左右,城市人口在总人口中的份额已超过50%,人均GNP按1967年的美元价格计算已超过1 800美元,这是有关于美国经济发展所表现出来的基本特征。

另外,根据日本学者速水佑次郎和南亮进(1988)提供的相关资料来看,日本从20世纪50年代后期至60年代初期开始加大了对农业的保护力度,当时日本经济发展表现出以下基本特征:农业在国内生产总值中所占的比重已降至13%左右,农业就业人数占社会总就业人数的比重已降至30%左右,工业与农业的产值份额比例大约为76%:24%,城市人口占全国人口的比重已达63%,人均实际国内生产总值按1980年美元价格计算已达2 600多美元。

按照这种结构主义的研究方法,国内学者(朱希刚,1992;冯海发,1995;程国强,1996)先后通过对英国、法国、德国、日本、韩国和中国台湾等地的研究也得出了大致相同或相近的结论。

(二)农业比较优势大小的观点

澳大利亚学者基姆·安德森等人对于上述学者对农业实施保护政策的经济结构主义的研究角度有了一定的程度转变,利用计量经济学模型所做的定量分析表明,通过用农业比较优势的大小对农业政策转向的最根本标准进行判别,也就是说,一个国家农业比较优势的大小由农业保护水平的高低决定。农业比较优势越大，其农业的保护水平就越低；反之，农业比较优势越小，农业保护水平就越高，也就是农业比较优势程度与农业保护水平之间，存在着负相关关系（潘盛洲，1999）。

农业比较优势的变化与农户的经营规模大小有关的同时，还与一个国家的经济发展速度有着较为密切的关系。

三、农业保护政策的发展与演变

（一）传统农业保护政策的发展与所造成的问题

1.传统农业保护政策的发展

在乌拉圭回合之前，农业保护政策的发展大致可以分为以下三个阶段。

（1）第一个阶段是在 18 世纪末至 20 世纪初。通过立法设定较高的农产品进口关税是英国、法国、德国和美国等国的主要农业政策，实行这一政策，能够促使本国的农业和农民的利益都得到相当程度的保护。

（2）第二个阶段是在 20 世纪至第二次世界大战前。各个国家为了更好地适应外部的竞争环境，纷纷调整内外的相关贸易政策，在农产品维持高关税政策的基础上，有些国家开始有计划地制定并实施国内农业支持政策。

特别是 20 年代末 30 年代初，世界经济大萧条到来之际，各国为了避免陷入危机之中，采取各种措施，尽全力保护和支持农业，使农业保护主义达到了一个新的水平。

（3）第三个阶段是在第二次世界大战之后至 20 世纪 80 年代。在第二次世界大战结束之后，西欧各国的经济很快得到了恢复。但是，由于城市经济的高速发展，把大量的农业劳动力吸引而来，结果农业和农村发展出现滞缓。为了扭转这种局面，各国先后制定了有关保护和支持农业发展的法律,并根据这些法律采取了相关的促进农业发展的政策。

采取这些政策的主要目标就是为了农业生产率能够进一步得到提高,促进农业结构有所改善和提高农民的收入,使农业部门同其他国民经济部门协调发展。

2.传统农业保护政策所造成的问题

(1)农业保护政策作用的相互抵消和贸易摩擦日益加剧。虽然对于一个国家来说,实施农业保护是政策范围之内的事,但是贸易的依存使不同国家的政策相互关联到了一起,因而使政策上也形成了一定的相互依赖性。这种相互依赖的政策涉及对农业保护作用的相互抵消,即发达国家的农业保护政策降低了农产品的国际市场价格,某一个国家所实施的农产品价格支持政策可能被用于抵消其他国家进行支持的影响。

总而言之,其他国家所采取的有关于隔离措施和公共政策都会或多或少影响到任何一个国家农业保护政策费用的变化。农产品价格支持政策对于高成本的生产和替代进口进行相关的保护,在某种情况下来看,会对出口市场的秩序形成一定程度的破坏;一系列的政策手段分别用于限制进口、支持不太具有竞争力的出口,这就造成了农产品国际贸易的摩擦,使进口市场缩小,残存的出口市场竞争加剧。在乌拉圭回合协议达成之前的十年中,大量的欧美和日美贸易政策的争端都涉及农产品。

(2)农业保护政策的效率损失严重。实施农业保护政策,是为了进一步追求公平,然而在追求的过程中,在效率上会出现一定的损失。对农民的支持不是空口说白话而是需要付出相关的代价,而这个所谓的代价就是要牺牲本国消费者和纳税人的利益。

农业保护政策的实施,使农产品的主要消费者和纳税人遭到了重大损失,同时国民经济也受到了一定的影响,局部受到相应的损失。农民的收入与生产数量之间有着较为密切的联系,农场规模越大,农场主受益也就越多,即从农业保护政策所得到的收入越多,于是也就有了人们经常指责农业保护政策的具体原因,就是将经济利益由最贫穷的社会群体向那些较为富裕的社会群体转移,因为所有的人都必须以食物为主。

（3）发达国家在实施农业保护政策的过程中对发展中国家的利益造成了严重的损害。20 世纪 80 年代以前,发达国家对农业进行相关保护,主要是把农产品的保护价格制定得相对较高,利用关税和非关税措施对进口实施一定的限制。然而在 80 年代以后,由于农业保护政策使得农产品过剩的情形加剧,从而发达国家农业贸易保护的重点有了相应的调整,从过去的"限入"开始转为"奖出"。

伴着世界农产品市场一直不断地处于恶化状态,发达国家的农产品保护也不断进行升级。对于发达国家的农业保护政策来说,最明显的特点之一,就是一方面通过贸易保护对国内市场的高价格进行维持,另一方面就是把由于巨大的库存剩余的农产品向世界市场倾销,从而使得世界市场价格进一步压低。这对于以农业作为主要外汇来源的发展中国家来说,形势并不是特别的乐观,农产品价格的疲软和出口量减少使其外汇收入逐渐下降,使绝大多数的发展中国家发展农业生产遇到诸多困难。另外,在许多发展中国家,食品的低价格客观上还起到了刺激人口大量增长的负面作用。

（二）现代农业保护政策的改革方向与基本趋势

1. 农业保护政策主要目标的重要程度发生了重大变化

传统的农业保护政策,核心围绕价格展开,把提高农民的收入和增加农产品的供给作为最主要的目标进行。以价格保护作为核心的农业保护政策体系,在对农产品供给方面有了一定的提高,效果也是非常的显著,但是在农产品自给以后,也伴随着问题出现,其中最大的问题就是供给过剩的现象,针对这一现象必须做出解决应对的措施,这就需要政府采取合理的措施,增加财政支出,适当地采取限产措施。由此看来,传统的农业保护政策在提高农民收入方面的作用是十分有限的。

在发达国家,通过农业劳动力的转移、非农产业收入的增加以及农业经营规模的扩大,农民的收入水平可以相应地有所提高。可以说在发达国家,农民的收入问题和农产品量的供给问题得到了较好地解决。随着乌拉圭回合之后"黄箱"政策措施的削减和限制,农产品贸易自由化的推进和竞争的加剧,人们对食品安全和环境保护的意识进一步提高。

而对于发展中国家来说,无论是提高农民收入还是增加农产品供给这两个重要目标,都还没有得到很好的解决,其他诸如农业国际竞争力、食品质量安全、环境保护等目标也提到重要的议事日程,因而发展中国家所面临的农业保护任务更为艰巨。

2. 农业保护政策措施实现了从"黄箱"向"绿箱"的转变

由于传统农业保护政策自身的弊端引发了一系列问题,促成了各国在乌拉圭回合中将农产品贸易问题纳入了谈判议程,并最终达成了 WTO《农业协议》。WTO 成立后,对贸易严重扭曲的关税、国内支持和出口补贴有了一定的降低,这一做法使市场的可预见性得到了提高,世界农产品贸易向自由化又迈进了一大步,不过这并没有使农业保护政策的本质得到相应的改变。

发达国家对原有的具有短期效应的价格支持政策实施大幅度的削减或放弃,采用所谓的"绿箱"农业政策措施。"绿箱"农业政策措施的精髓是:农业保护政策体系的构建应该建立在市场机制充分发挥作用的基础之上,这样既减少了资源的扭曲配置程度,又对农业进行了一定的保护,逼近了社会公平。"绿箱"农业政策措施主要是针对市场机制在农业中的失误,对于农业的公共产品供给、农业的外部性和区域社会发展不平衡等问题进行相关的解决。

3. 农产品自由化在加速,非关税贸易壁垒更为森严

绝大多数国家,对农产品都采取"奖出限入"的政策,进一步使农产品国际贸易成为受到各国政府政策干预力度最大和最为频繁的部门之一。20世纪初,美国开始实行全面系统的农业保护政策,第二次世界大战以后,几乎所有的发达国家都启动了农业保护政策。

在20世纪90年代以前,农业保护政策及其对农产品自由化的阻碍达到了登峰造极的程度。WTO农业协议的达成使得非关税措施关税化、关税大幅度削减、出口补贴受到削减和限制,关税配额等政策的实施使得农产品的市场准入程度提高,这是人类有史以来首次在全球范围内大幅度地推进了农产品贸易的自由化。多哈回合又使农产品贸易自由化向前推进了一步。

但在农产品贸易自由化程度提高的同时,随之而来的非关税贸易壁垒变得更加森严。按照联合国贸易与发展大会对贸易控制性措施的分类,国际贸易壁垒有关税壁垒和非关税壁垒两类,其中技术性措施即技术性贸易壁垒,属于非关税壁垒。在关税壁垒被削减或受限制的情况下,技术性贸易壁垒在国际贸易壁垒中的比例逐步提高,涉及的产品领域也逐渐拓展,运用技术性贸易壁垒的国家也越来越多,技术性贸易壁垒正在成为贸易保护的重要手段。

第二节　农业现代化与现代农业

一、农业的发展阶段及其特点

史学家认为,农业起源于距今1万年左右的新石器时期,其发展模式前后分为三个阶段,分别经历了原始农业、传统农业和

现代农业。人类历史的重要转折点通过农业的产生得以实现，未来农业的发展也会影响人类的生活。

（一）原始农业

农业主要起源于西亚、中南美洲和东亚。中国是东亚农业起源的中心，如果说到中国农业的起源，那么能够追溯至1万年以前。在当时，原始农业的生产模式相当粗放，从事农业生产经营活动的方式也比较独特，主要是利用人力、使用石器及木质农具等进行。原始农业的产生，使得人类社会实现了从"攫取经济"向"生产经济"的历史性转变，即通过无差别的人类劳动使天然产品有所增值，进而使整个人类社会经济的面貌有所改变。在人类活动的干预之下，动植物的生长状态也有了改变，不再是原始的自生自灭，而是逐渐开始朝着有利于人类社会的方向发展。

中国农业经济从产生时开始，中心主要围绕种植业生产进行。先民们在长期的采集生活中，对各种野生植物进行研究，包括它们的利用价值和栽培方法，都进行了相关的试验，逐渐选育出适合人类需要的栽培植物。神农氏的传说，正是这一时期中国农业的最好反映。由于中国国土广阔，农业生产的自然条件也千差万别。但总体上来看，中国的原始农业生产活动大概是在四个不同区域分别展开：

（1）黄河流域农耕区，主要种植粟、黍等作物。

（2）长江流域农耕区，主要种植水稻。

（3）长城以北和西部地区游牧区，主要是以狩猎为主。

（4）南方和滨海地区，主要从事采集和渔猎活动。

（二）传统农业

传统农业，起始于石器时代的末期和铁器时代的初期。在发达国家，这种农业的生产经营方式持续得比较久一些，一直被延续到了18世纪60年代。传统农业是基于原始采集农业生产模式和游猎农业发展的基础上发展而来，它是人类迈入定居时代后,发展起来的第一个产业部门。

原始农业向传统农业进行转变是世界农业发展过程中的一个重要进程,当然这种转变在时间上也存在很大的差异。其中,最具有代表性的是中国的传统农业。我国传统农业和国外传统农业差别很大,例如在种植业方面,我国在很早之前就形成了一种基本格局,北方生产粟、黍农作物为主、南方以生产水稻农作物为主。西亚地区则有所不同,主要是以种植小麦、大麦农作物为主,中南美洲地区主要以种植玉米、马铃薯和倭瓜为主。

中国传统农业起源于春秋战国时期,通过在秦汉、唐宋以及明清几个时期的不断发展,中国的传统农业形成了一套完整、成熟的体系。这套体系实行土地私有形式的制度安排,经营方式是男耕女织,具有精耕细作的技术特点,因此在整体上来看,较西方国家更有一定的优越性:丰衣足食是中国传统农业的根本目的,耕织结合、农桑并举是其基本特点。

(三)现代农业

随着农业技术的不断发展,在西欧和美国技术革命的推动下,农业发展实现了由传统农业向现代农业的进一步转变。自20世纪30年代起,欧美等工业发展国家基于机械技术、生物技术和管理技术等方面的创新,对传统农业进行了技术改造和升级,实现了传统农业向现代农业的飞跃。

现代农业的主要特点是使农业的生产范围拓宽,加强了无论是横向还是纵向上与农业经济之外的其他经济活动的联系,对于传统农业生产过程中产前、产中与产后分割的局面做到了有效的改变,最终把"从田间到餐桌"的完整产业链完美地塑造了出来。在科技不断发展的情况下,现代农业取得了跨越式发展。

在现代科学技术的基础上,现代农业以现代工业为依托,遵循现代市场条件发展大农业。现代农业是一种"五高"农业,即科技含量高、资本投入高、产出效益高、商品率高和社会化程度高,通过"五化"即集约化、机械化、设备化、资金化、化学化等多种手段获取大量的农产品,从真正意义上实现了农业产业革命。

当然,现代农业不可避免地也存在诸多缺陷,如掠夺式经营、农业与无机肥的大量投入、环境污染和报酬递减等。据相关数据统计,传统农业的消耗系数是 4∶1,而现代农业的消耗系数为 10∶1。产出与资源消耗比例极不合理。基于农业可持续发展的基本原则,现代农业对生态环境造成了严重的破坏。

二、农业现代化的内涵与目标

(一)农业现代化的基本内涵

有关对农业现代化的理解,其实就是指从传统农业向现代农业转化的过程和手段。农业现代化既是一种过程,又是一种手段。农业现代化的内涵分为两个方面。

1.农业现代化是农业动态发展的过程

农业现代化是农业动态发展的过程,也就是说从传统农业向现代农业转变的过程。从某种意义上说,农业现代化主要包括两方面的内容。

(1)从以手工工具和直观经验的传统农业向采用集约化、现代科技和现代经营管理方法指导的现代农业转变的过程。

(2)农业现代化是从传统的自给自足农业生产向商品农业生产逐渐转变的过程,也是农业生产率不断提高和农业市场不断完善的过程。

2.农业现代化是一种推动农业发展的手段

农业现代化是一种推动农业发展的手段,换言之,就是传统农业向现代农业这一转变过程中所需要的各种手段。所以,农业现代化可谓一种农业重大发展战略。

想要知道农业现代化是否实现,必须有一个对比才能得出相应的结果,当然对比对象需要与世界先进的农业生产水平及农业技术水平进行比较才能予以确定。总的来说,针对传统农业进行适当的改造、实现农业现代化,其实就是要把传统农业转变为以集约化、现代技术和现代管理方法为基础的现代农业,创建一个高产、优质、生态、安全的农业生产体系和高转换率的农业生态系统。

(二)农业现代化的目标内容

1.农业现代化的目标

(1)农业生产手段现代化。运用先进的农业生产设备,大大降低从事农业劳动者的体力强度,提高农业劳动生产率。

(2)农业生产技术科学化。在农业领域运用先进的科学技术,使得农产品的品质有所提高、国际竞争力进一步增强,从而使农业生产成本有所降低,最终做到粮食安全和食品安全的保证。

(3)农业经营方式产业化。对农业的产业化经营大力发展,建立圈种养、产供销、工农贸一体化的经营格局,不断地提高农业经营效益。

(4)农业服务社会化。使得农业在进行相关的生产经营过程中,每个环节都会有社会化服务组织能够提供专门的服务。

(5)农业产业布局区域化。把国际、国内两个市场充分地利用起来,发挥其能动性,对农产品的市场占有率和市场竞争力进行不断的提升。

(6)农业基础设施现代化。作为推进农业现代化建设的基础条件,大力推进农业现代化,有利于提高农业抵抗各种灾害的能力,增强农业发展后劲。

(7)农业生态环境现代化。促进农业生态现代化,运用各种现代化的措施对生态环境进行改造。同时,也要大力发展休闲农业、旅游观光农业,使得农业生态环境实现现代化。

(8)农业劳动者现代化。农业现代化不断发展能够使农业劳动者的整体素质得到提高,也能使得农业劳动者掌握一些与农业生产有关的政策法规,拥有 2~3 项农业生产实用技术,不断增强农业劳动者的技能水平,从而适应农业现代化发展的需要。

(9)农民生活现代化。不断提高农业产出,提高农民收入水平。使农民不论是在物质生活还是在精神生活上都过得更加美好,这是推进农业现代化发展的一个重要目标。

2.农业现代化的内容

为了又好又快地使农业现代化的目标得以实现,就必须对以手工劳动为主的传统农业进行全方位改造。农业现代化涉及农业发展的方方面面。

(1)农业生产手段的机械化与电气化。

(2)农业生产技术的科学化。

(3)农业生产的专业化与区域化。

(4)农业生产结构的最优化。

(5)农业生产经营管理的现代化。

三、中国农业现代化的历程与制约因素

(一)研究与推进中国农业现代化的历程

中华人民共和国成立 60 多年以来,中国经济社会发展大体上可以划分为两个时期,改革开放前的计划经济和改革开放后的市场经济。在这两个时期内,农业现代化发展历程可以划分成四个阶段。

1.第一阶段:20 世纪 50—70 年代

此阶段主要是以"四化"为中心,对于农业现代化的发进行研究与推进。1954 年 9 月 23 日,周恩来总理在第一届全国人大一次会议上的《政府工作报告》中指出,要建设强大的现代化的工

业、现代化的农业、现代化的交通运输业和现代化的国防。这是在我国政府文件中第一次提出建设"现代化的农业"的内容。1964 年 12 月,周恩来总理在第三届全国人民代表大会上再次提出,要在一个不太长的历史时期内,把我国建设成具有现代农业、现代工业、现代国防和现代科学技术的社会主义强国。同时,他还指出,必须从各方面支援农业,有步骤地实现农业的机械化、水利化、化肥化、电气化。这是第一次明确将此"四化"作为农业现代化的内涵。

在 1977 年,中国农林科学院按照上级领导提出的"按农业'八字宪法'研究提出农业现代化概念"的要求,完成了土、肥、水、种、密、保、管、工八个字的现代化内涵,并在此基础上,提出了"实现我国农业现代化,必须发扬精耕细作的传统,用先进的科学技术和现代化装备对农业进行武装,实现大地园林化、操作机械化、农田水利化、品种良种化、栽培科学化、饲养标准化和公社工业化"的农业现代化概念。

2.第二阶段:20 世纪 80 年代

此阶段是根据现实国情来研究与推进农业现代化发展。1979 年 9 月,党的十一届四中全会通过《关于加快农业发展若干问题的决定》,系统地阐明了我国实现农业现代化的方针政策及其发展途径与前景。1980 年 12 月 25 日,邓小平同志在中央工作会议上的讲话中指出,我国的农业现代化,不能照抄西方国家或苏联等国家,要走出符合社会主义中国实际的道路,从而极大地促进了对农业现代化理论与实际问题的研究,并将农业现代化的试点和学术活动推向高潮。

中国农业科学院根据中央领导的指示,把有关专家组织到了一起,开展了"加速我国农业现代化建设"课题研究,为了能够合理地对国外农业现代化的经验和教训进行借鉴,对美国、苏联、日本、法国、联邦德国等国农业现代化的主要经验和问题的综合材料进行了整理编写。其后,各有关方面进一步就与农业现代化有关的一些问题开展专题研究,如规模经营、农村工业化、农业科技进步等。

3.第三阶段:20世纪90年代

此阶段是从宏观经济的角度来研究与推进农业现代化发展。1992年,党的十四大明确提出我国经济体制改革的目标是建立社会主义市场经济体制。国民经济的重要组成部分由农业和农村经济构成,农业现代化的发展既是中国市场经济发展的有机组成部分,客观上又受到市场经济发展内在规律的制约,因而加强了从宏观经济角度研究推进农业现代化。1993年1月至1995年12月,中国农业科学院组织全国有关专家,开展了"中国农业现代化建设理论、道路、模式研究"。

通过分析中国近半个世纪的农业发展,对相关的国际经验进行了借鉴,研究提出了中国农业发展建设道路和农村工业与农业发展相关性分析及其阶段划分、农村市场经济体制建设的构想、农业现代化建设12个主要模式、农业现代化建设指标体系以及工农关系与城乡关系、农业与农村产业结构、农业技术改革、农业投入、农村劳动力转移、农业持续发展等方面的政策。

4.第四阶段:21世纪初至今

此阶段是以全面、协调、可持续发展观为指导,研究与推进农业现代化发展。目前我国已处在工业化中期,经济实力和综合国力显著增强,"工业反哺农业、城市支持农村"的条件已经成熟。2002年,党的十六大提出全面建设小康社会,加快推进社会主义现代化。2007年,党的十七大要求走"中国特色自主创新道路""中国特色新兴工业化道路""中国特色农业现代化道路""中国特色城镇化道路""中国特色政治发展道路"。2012年党的十八大的报告提出要"坚持走中国特色新型工业化、信息化、城镇化、农业现代化道路,推动信息化和工业化深度融合、工业化和城镇化良性互动、城镇化和农业现代化相互协调,促进工业化、信息化、城镇化、农业现代化同步发展"。2014 年中央"一号文件"指出,"推进中国特色农业现代化,要始终把改革作为根本动力,立足国情农情,顺应时代要求""努力走出一条生产技术先进、经营规模适度、市场竞争力强、生态环境可持续的中国特色新型农业现代化道路"。2015 年中央"一号文件"指出,要"主动适应经济发展新常态,按照稳粮增收、提质增效、创新驱动的总要求,继续全面深化农村改革,全面推进农村法治建设,推动新型工业化、信息化、城镇化和农业现代化同步发展"。2015 年 10 月 29 日《中共中央关于制定国民经济和社会发展第十三个五年规划的建议》指出,要"着力构建现代农业产业体系、生产体系、经营体系,提高农业质量效益和竞争力,推动粮经饲统筹、农林牧渔结合、种养加一体、一二三产业融合发展,走产出高效、产品安全、资源节约、环境友好的农业现代化道路"。

(二)中国农业现代化的主要制约因素

1.农业发展的资源约束条件日益突出

资源总量大,人均少,质量不高,分布不均,是我国耕地的显著特点,所以也就一直面临着人均耕地少、优质耕地少等突出问题,以及土地沙化、土壤退化、"三废"污染等严重问题。

我国耕地面积总量虽然很大,但人口众多,对耕地养护没有特别到位,人均占有耕地数量有限,而且耕地区域分布不均衡,与水土资源匹配不协调。

2.农业劳动生产率低

我国农业的土地产出率与美国、日本等已经实现了农业现代化的国家相比,水平不相上下,但是说到劳动生产率,差距简直是天壤之别。即使与世界平均水平相比,我国的农业劳动生产率也很低。

我国农业需要被进一步重视,使生产率有所提高,也使机械运作水平有所提高。农民是建设农业现代化、建设新农村的主体，加快农业科技进步，最终要靠提高农民的科技素质，提高他们承接、运用科技成果的能力。

3.农业科技支撑不足

整体来讲，中国农业技术落后的状况从根本上得到相应的改变还是低之又低。主要表现为：

（1）对农业科技的推广、应用远远落后于农业科学研究，许多农业科研成果转化率低，覆盖面小。

（2）现有的农业科技进步贡献率偏低。

（3）基层农业科技特派人员的工作条件差，很多科研设备不是特别的完善，再加上待遇低、活动经费少，综合起来对农业科技工作者的积极性和队伍的稳定性都形成了一定的影响。

（4）农业科技人员少，组织机构不健全。

4.农业生态环境日益恶化

由于人口压力过大，对资源盲目开发过度，使中国近些年的生态环境遭到了严重破坏。生态处于不断恶化的趋势，自然灾害频繁发生，对农业生产造成了严重的威胁。再加之农田污染日益加重，土地盐渍化、土壤肥力衰退，农田生态环境受到极大破坏。

总之，环境恶化，生态失去了平衡，农业持续发展面临严峻的挑战。

四、中国现代农业的发展战略

（一）土地资本化战略

农业最基本的物质生产资料就是土地，位置的固定性、数量的有限性等是其明显的特征。当前，土地制度也具有局限性，主要表现在以下两个方面。

（1）在土地产权方面，由于对产权没有做出明晰，在进行调整生产方式时有一定的难度，农民的利益容易遭受直接性的损害。

（2）在土地分配方面，不能进行规模经营。

所以，对土地制度进行进一步的革新，是实现土地资本化、农业现代化和提升农业生产水平的有效途径。

（二）农业剩余劳动力市民化战略

要深化户籍制度改革，拆除壁垒，加快农民向市民的转变。在我国，每一块农业土地上都承载着大量的农业人口，因为我国采取的是独特的户籍制度和人口政策，由于有些地区比较偏远，交通不是很便利，因此不利于劳动力流出，要想过多农业劳动力从农村地区流出，为城镇居民到农村创业营造条件，就必须使农民市民化，这样就可以为流入农村地区的技术人员提供保障，使他们可以自由地流回大中城市，即"来回自由"。

除此之外，应该有相应的配套改革来彻底处理城乡人口的双向流动，推进城乡工业一体化的顺利发展。

（三）农业科技产业化战略

农业科技成果产业化是指对先进、成熟、能推动农业生产力发展、有较高经济效益的科技成果进行集约化、规模化、专业化的商品性生产和网络化营销的技术经济活动。它由成果条件、生产条件和市场条件三方面要素构成。农业科技成果产业化是农业生产产业化的重要组成部分，是实施科教兴国战略、促进科技与经济紧密结合的有力措施。

将农业生产活动与农业科研、农业技术开发推广有机连接在一起，并将农业科研成果立即转化为农业发展所需要的产品、技术或者促进农业新产业的形成，可以在很大程度上推动农业产业化进程。农业科技成果产业化有科研开发经营型、进入企业集团型、科企联合型和科技企业型几种模式，在其产业化的过程中，现有的科研机构将实现多元化的发展。

（四）农业合作组织化战略

基于发展中国家的视角，尤其是对中国而言，农业现代化过程中出现了多样化组织创新形式，日本及欧洲模式比美国模式更具借鉴意义。在日本，"农协"在其组织结构方面，形成从中央到地方各个层次的完备的组织体系。在其经营范围方面，涵盖各个领域，具有极高的综合性。日本的"农协"与欧洲的"农业合作社"在本质上是一致的，可以将其统称为农业社会化服务体系或者农业合作经济组织。日本及欧洲大陆的农业合作经济组织的产生和完善，区别于美国的一个特殊原因，即稀缺的土地资源形成人地制约因素，从而形成小规模土地经营。

对于分散的小规模土地经营的农户而言，面临着较大的经营风险、抵抗风险能力及与外部经营主体谈判能力较弱。在这样的形势下，小规模经营的农户如果想要获取技术指导、生产资料购买和社会化销售等服务，一是依靠外部经营主体，任人摆布；二是自己团结起来，以自愿合作、相互扶持为原则，建立合作社，积极参与市场竞争，获得自己应得的利益。

在中国，由于农业现代化进程加快和社会主义新农村建设的启动，必须实现两大突破。就农业运行而言，要实现"自给型方式"转变为"市场型方式"，农业日益增产、市场份额扩大是其必须完成的重要任务；就农业运行体系而言，要摒弃以低级要素为基础的农业运行体系，构建高级要素农业运行体系，即吸收外源式的融资、人力资本、农业科技等社会资源中有利于农业产业发展的要素。

这两大突破是农业运行过程逐渐有序化的标志，因而农业经济组织的创新无疑是其有序化的根本。

农业现代化，不仅仅是现代农业发展的关键内容，也是农业进步过程的展现。农业现代化中，土地资本化、农民市民化、农业科技产业化、农业合作组织化等组织、制度、要素的改革和创新，将在很大程度上推动我国农业现代化的发展，从本质上解决"三农"问题,使中国经济发展中的二元经济结构矛盾得到缓解,它也是我国农村改革的根本方向之一。

第三节　农业的可持续发展

一、常规现代农业所面临的困境与挑战

(一)农业对环境的污染与生态的破坏

现代农业在发展过程中,既有好处也有一定的弊端,粮食生产与消费的矛盾得到了一定的缓和,但与此同时却激化了生产与自然的矛盾。从理论上说,现代农业生产方式在环境、生态上的不合理性主要表现在两个方面。

1.系统整体

从系统整体来看,结构相对比较单一,特别是经营的高度专业化系统单一性较为明显,无论是在时间上还是在空间上,都缺乏连续性。种植农作物的农户与饲养畜禽的农户不再像传统农业那样互相利用能量,而是彼此分离,因而导致能量不能被充分利用。最终使得农田有机质下降,牧场粪害成灾,使环境遭到严重污染。

2.系统的结构

从系统的结构方面来看,现代农业过度地使用化肥、农药、机械动力等无机能量,缩短了草牧食物链,并以大量的物质离开农业系统而输出,最终造成了系统有机质和养分的亏损。靠大量投入机械、化肥、农药和饲料添加剂对农业系统的高产量进行相关维持,使得传统农业在某种程度上保存的一种农业系统内部的调控机制遭到严重破坏。

由于对氮化肥使用过度,针对集约化饲养场的巨量厩肥处理也不是特别到位,致使发达国家氮素施用量的 1/4 进入地下水。尤其是美、英、德等一些发达的国家,因为饮用地下水硝酸盐含量严重超标,只能采取封闭水井、限制氮化肥施用量及设立饮水保护区等相关对策进行解决。

目前,已经在一些国家的地下水中检测出了 20 多种农药的残留物。据相关数据统计,发展中国家每年因农药中毒死亡 1 万人以上,受严重伤害的达 40 万人以上。此外,工业能源的大量使用,增加了空气中二氧化硫的成分,造成了环境的酸化。

(二)农业自然资源日益减少和恶化

对于农业来说,它是一种严重依赖自然资源的产业,然而现代农业在发展过程中由于不合理的方式,对各种重要的自然资源造成一定的影响,使得自然资源日益减少和退化。

1. 自然资源日益减少和退化

(1)严重的土壤退化沙漠化现象出现,耕地资源逐渐减少。
(2)水资源也越来越匮乏。
(3)森林资源遭到破坏的速度也在加快。
(4)生物资源也出现了锐减的现象。

农业生产,简单来说也就是对土地、生物、水、气候等自然资源和自然条件进行相关的改造与利用的一个过程。现代农业之所以出现这些问题,主要是因为它在发展的过程中没有重视人与自然之间的协调,最终使人与自然过分分离,使农业生产的代价越来越大,到了难以持续的地步。传统现代农业的困境给人类带来了一系列的启示和思考。

2. 启 示

(1)在对自然的关系进行相关处理时,态度是很重要的一个因素,不能抱着征服自然的态度去处理自然关系,应改为协调自然,使农业在生产过程中能更符合客观规律。

（2）农业在进行生产过程中，必须尽量利用自然机制和可更新资源，使自然生态结构和功能尽量得到一定的保留，把生态系统的自我控制和自我维持的功能充分利用起来。农业生态系统偏离自然状态的结构和功能越远，要维持这种人工状态的代价就越大。

（3）农业在进行生产过程中，必须遵循生态规律和经济规律，以保持生态系统结构和生态平衡为前提条件。

（4）保护环境和合理利用资源是农业持续发展的重要前提，在解决生产与消费之间的矛盾的同时，必须处理好生产与环境之间的关系。

常规现代农业所产生的一系列问题，促使人类不得不努力寻求新的出路，寻求新的农业发展模式。在保护资源环境的同时，持续地增加农产品产量，提高农业经济效益，满足日益增加的人口和不断提高生活质量的需要，实现自然资源的永续利用和农业的持续发展。

二、农业可持续发展的内涵、特征

（一）农业可持续发展的内涵

农业可持续发展的内涵是：既在使当代人的需要得到满足，又不损害后代满足其需要的发展条件下，采用合理的生产方式，实行技术变革和机制性改革，使农业生产对环境的破坏减少到最低，对土地、水、生物、环境不退化、技术运用适当、经济上可行以及社会可接受的农业发展战略做到进一步的维护。

（二）农业可持续发展的基本特征

1.经济持续性

经济持续性主要是对农业生产者的长期利益做相关的关注，

其中一个重要问题就是产量的持续性。通常来说，作物的生长条件会因土地退化问题和其他环境问题的影响而有所改变，最终影响到产量。可见持续性的经济关注与生态关注是密切联系的，但这里着眼未来生产率和产量，而不是自然资源本身。

经济持续性的另一个重要方面是农业经营的经济表现和可获利性。在市场经济中，由于农产品价格相对低下、产量减少、生产成本上升等原因而不能创造足够利润的农场是不能自我持续的。因此，持续农业的前提，必须使生产者有利可图。实际上农业的经济持续性是与其生态持续性紧密联系的，如土地退化是生态问题，但其后果显然会在经济上反映出来。

2. 社会持续性

持续性的社会方面强调满足人类基本的需要和较高层次的社会文化需求。持续农业的一个主要目标，就是持续不断地提供充足而可靠的农产品来使社会需求得到相应的满足。在发展中国家，解决温饱、避免饥荒是最为迫切的要求，这就涉及了所谓的食物充足性问题和承载能力问题。在发达国家，要想使消费需求和偏好得到相应的满足，一般意味着需要提供既充分又多样的农产品，并最终确保安全可靠的供给。

对于粮食自给的问题，已引起各国普遍重视，它意味着不仅要生产出足够的粮食来满足要求，而且意味着粮食供应要立足于国内已有的或潜在的生产能力，使得国际市场上供给不确定性或价格冲击带来的风险有所降低。而更多的注意力则集中在长期食物充足性上，持续的食物生产系统必须跟上不断增长的需求。由于人口继续增长和欠发达国家人均收入的不断改善，对未来农产品的需求不可避免地要大大增长。

社会持续性概念一般都有公平的含义，具体包括代际公平和代内公平。

（1）代际公平，具体指为后代保护资源基础，保护他们从资源利用中获得收益的权利和机会。

（2）代内公平,具体指资源利用和农业活动的收益在国家之间、区域之间和社会集团之间进行公正而平等的分配。

导致环境退化从而使将来生产成本或环境治理成本增加的农业生产系统,损害其他国家、地区和社会集团利益的农业系统,都不能认为是可持续的。有时这两种平等问题互相交织。

3.生态持续性

生态持续性主要关注于生物——自然过程以及生态系统的永续生产力和功能。长期的生态持续性要求对资源基础的质量进行维护,维护其生产能力,其中最重要的就是维持土地的产量。

生态持续性还要求对自然条件进行适当的保护,特别是农业的自然条件、基因资源和生物多样性需要得到保护。频繁耕耘、集约单一种植、高能源、高密集投入是当代农业最为显著的特点,然而在进行之中已对土壤侵蚀、养分流失、土壤板结、土壤污染等造成了一系列严重的问题,使得土地资源的生产能力遭到损害。这种农业是不能长期持续的。

三、中国特色的生态农业

（一）生态农业的提出

生态农业是由美国土壤学家 W. A. Alborecht 于 20 世纪 60 年代首先提出来的,其代表性的定义是由 Jacsont 和 Benolen 两人在 1984 年做出的解释:"在尽量减少人工管理的条件下进行农业生产,保护土壤肥力和生物种群的多样性,控制土壤侵蚀,少用或不用化肥、农药,减轻环境压力,实现持久性发展。"可见,西方生态农业的基本内容与有机农业基本一致,都是模仿自然生态系统进行生产,对于化学能的投入重点强调,重视农业生态系统的平衡,以及维持和保证资源环境的持续性。

西方生态农业是从保护资源和环境的角度提出的,特别是针对现代农业投资大、污染严重、破坏生态环境等弊端。但是提出的同时也存在一些不利的方面，产量下降，病虫害危害加重，使其推广遇到了许多障碍。

（二）中国特色生态农业的内涵

严格来说，中国的生态农业不是从发达国家引入的，而是在中国古老传统农业的基础上逐步发展起来的一种农业生产模式。中国生态农业不论是从模式上，还是内容上，其内涵、外延远远超出国外的生态农业。

叶谦吉在《生态农业——农业的未来》一书中，为中国的生态农业做出了如下详细的一个定义："生态农业就是从系统的思想出发，按照生态学原理、经济学原理和生态经济学原理，运用现代科学技术成果和现代管理手段以及传统农业的有效经验建立起来，以期获得较高的经济效益、生态效益和社会效益的现代化的农业发展模式。简单地说，就是遵循生态经济学规律进行经营和管理的集约化农业体系。"

四、持续农业发展趋势

（一）追求农业与环境的协调发展

持续发展农业是把技术、经济、社会、资源、环境协调到一起的统一体，创造一种使人类与自然界相协调的和谐格局，形成人与其他生物共存的生态系统。以确保可持续发展为主导，既造福当代人又造福后代人，使人类世代更好地繁衍生息。

由于人类对破坏自然生态环境、单纯追求经济增长为目标的片面行为进行了一定的反思，认识到超越动物之人类作为自然界的一个组成部分，对周围自然环境的反作用已经越来越大，人类向自然索取的手段正在对自然界的平衡进行大规模的破坏，面对这个问题，必须进行彻底的纠正，把对自然界的破坏改变为对自然界的保护,维持生态平衡。

(二)节约资源,提高资源利用率

农业要可持续发展,就必须把石油农业过度消耗自然资源的弊端进行相关的改变,把资源经济变成技术、知识集约型经济。现代农业属于科学技术高度综合型、高度密集型的产业,是靠集结多学科技术经济成就推动的产业。

现代农业科技在对学科进行分化、分工的同时,正走向新的综合与联合,节约或替代不可再生的自然资源消耗,进一步提高资源利用率。

(三)建立经济与生态良性循环体系

农业要进行可持续发展,必须既能使农业生态系统的物质、能量资源得到充分开发利用,还不能超越农业生态系统自我调节机制所能承载的阈限,维护系统的动态平衡和持续生产力,在经济增长的同时生态系统能够自我调节,自我修复,相互促进,良性循环。

对自然资源和环境进行适当的保护,使得生态平衡得到相应的维护,要以经济带动作为主体,寓环境保护于发展经济活动之中。在这中间的过程中,人类进行的相关经济活动要适当有度,尽量控制在生态系统的承受能力之内,如果超出了生态系统的承受范围,就会对良性循环造成一定程度的破坏。

对于农业生态效益与经济效益的关系,要进行正确适当的处理,使自然再生产与经济再生产的统一得以实现,在以自然再生产为前提的基础上进行经济再生产。经济良性循环与生态系统的良性循环是紧密相关的,超出生态循环的生态经济系统,必须是使经济增长保持高效率,又能使生态环境免遭损害,使资源可供持续利用;现代持续农业不仅是有高劳动生产率,而且是生态环境优化的。

（四）强化农业系统内的自养、自控功能

农业生产与工业生产是有区别的，二者不能等同看待。农业生产需要有一个自然再生产过程，是通过动物、植物及微生物等生命体与周围光、热、水、土、肥、气等自然环境之间进行物质与能量交换，并依靠其自身生长、发育功能来完成的，农业的有机性是独一无二的，无可替代，发挥农业系统内自然再生产过程的自养和自控功能，是使资源利用率提高、生态平衡得到相应维护的基础。

（五）发展农业循环经济

循环经济，就是物质闭环流动性经济。农业循环经济就是在科学发展观指导下，按照生态系统内部物种共生、物质循环、能量多层次利用的生物链原理，通过工程与技术措施，对于农业生产中各环节的联系进行一定的强化，使物质的优化配置和循环利用得以实现，让物质投入有所减少，资源利用率得到提高，减少污染，实现农业经济、社会和生态的协调发展。

（六）广泛应用现代高新技术

对于现代高新技术的广泛应用，将是使农业持续发展的主要原动力。由于持续农业所追求的目标是高效益、无污染、可持续，要实现这个目标就必须充分利用现代高新技术的成果。除常规农业技术外，基因工程、发酵工程等微观工程技术将大规模应用于持续农业，农业宏观生态工程技术如污水处理、生物活性肥料等也将广泛应用于持续农业。

持续农业要尽可能采用高效无毒的生物制品，采用新技术，采用高产、低耗、高净收益的作物品种，尽量采用高效、低毒、低残留的化学防治技术等。

参考文献

［1］赵维清,姬亚岚,马锦生,王成军.农业经济学［M］.北京:清华大学出版社,2013.

［2］尚杰.农业经济学［M］.北京:科学出版社,2015.

［3］许开录,孙志洁.农业经济管理［M］.北京:化学工业出版社,2008.

［4］张忠根.农业经济学［M］.杭州:浙江大学出版社,2010.

［5］朱道华.农业经济学［M］.北京:中国农业出版社,2009.

［6］傅新红.农业经济学［M］.北京:高等教育出版社,2015.

［7］王雅鹏.现代农业经济学［M］.北京:中国农业出版社,2014.

［8］陈池波.农业经济学［M］.武汉:武汉大学出版社,2015.

［9］李秉龙,薛兴利.农业经济学［M］.北京:中国农业大学出版社,2003.

［10］孔祥智.农业经济学［M］.北京:中国人民大学出版社,2014.

［11］王德胜.农产品营销［M］.济南:山东人民出版社,2010.

［12］汪腾.农产品市场营销［M］.成都:西南交通大学出版社,2011.

［13］方天堃,陈仙林.农业经济管理［M］.北京:中国农业大学出版社,2005.

［14］孔祥智.崛起与超越——中国农村改革的过程及机理分析［M］.北京:中国人民大学出版社,2008.

［15］温铁军."三农"问题与制度变迁［M］.北京:中国经济出

版社,2009.

[16]何秀荣.比较农业经济学[M].北京:中国农业大学出版社,2010.

[17]程漱兰.中国农村发展:理论和实践[M].北京:中国人民大学出版社,1999.

[18]焦必方.农业和农村经济学[M].上海:格致出版社,2009.

[19]钟甫宁.农业经济学[M].北京:中国农业出版社,2011.

[20]斯瑞波尔.农业市场经济学[M].北京:清华大学出版社,2009.

[21]林毅夫.制度、技术与中国农业发展[M].上海:上海三联书店,上海人民出版社,2008.

[22]斯蒂格利茨.经济学[M].北京:中国人民大学出版社,2003.

[23]潘明星,韩丽华.政府经济学[M].北京:中国人民大学出版社,2011.

[24]郭小聪.政府经济学[M].北京:中国人民大学出版社,2011.

[25]何江,陈磊阳,吴冠华,等.农业经济学[M].江门:江门人民出版社,2000.

[26]张红宇,赵长保.中国农业政策的基本框架[M].北京:中国财政经济出版社,2009.

[27]尹成杰.粮安天下:全球粮食危机与中国粮食安全[M].北京:中国经济出版社,2009.

[28]林毅夫.制度、技术与中国农业发展[M].上海:上海三联书店,1992.

[29]黄文秀.农业自然资源[M].北京:科学出版社,2001.

[30]丁长发.农业和农村经济学[M].厦门:厦门大学出版社,2006.

[31]黄贤金,张安录.土地经济学[M].北京:中国农业出版

社,2008.

[32]毕宝德,柴强,李玲.土地经济学[M].北京:中国人民大学出版社,2011.

[33]谭向勇,辛贤.农业经济学[M].太原:山西经济出版社,2005.

[34]王孝松,谢申祥.国际农产品价格如何影响了中国农产品价格[J].经济研究,2012(3).

[35]仇焕广,杨军,黄季焜.建立中国—东盟自由贸易区对我国农产品贸易和区域农业发展的影响[J].管理世界,2007(9).

[36]周曙东,胡冰川,吴强,崔奇峰.中国—东盟自由贸易区的建立对区域农产品贸易的动态影响分析[J].管理世界,2006(10).

[37]曾寅初,陈忠毅.海峡两岸农产品贸易与直接投资的关系分析[J].管理世界,2004(1).

[38]孔祥智,程漱兰.中国农村经济体制及其绩效的经济分析[J].教学与研究,1997(10).

[39]孔祥智,刘同山.论我国农村基本经营制度:历史、挑战与选择[J].政治经济学评论,2013(3).